What's Next After

Retirement?

나 퇴직하면 뭘 하지?

서유정

머리말

퇴직 후 갈 길을 찾지 못하는 우리의 중장년층을 위해…

예전에 일본 여행을 다녀온 적이 있습니다. 식당에서 혼자 밥을 먹고 있는데, 옆에 있던 일본인 남성이 말을 걸었습니다. 영어를 약간 할 줄 아는 분이라 식사를 마칠 때까지 한동안 얘기를 나눌 수 있었습니다. 간간이 번역기의 도움을 받으면서요.

제 삼촌뻘 정도로 되어 보이던 그 일본인은 회사에서 꽤 높은 자리에까지 올라갔던 사람이었습니다. 하지만 퇴직 후 어떻게 시간을 보내야 할지 알 수 없어 방황하고 있었습니다. 수십 년간 한 직장에서, 회사 일에만 몰두하며 살아오다가 퇴직한 탓에 오히려 이후의 계획이 전혀 없었습니다. 오래도록 회사 일을 우선시했기 때문에 가정에도 본인의 자리가 남아있지 않다고 느끼고 있었습니다. 일본은 고령자 일자리 지원 제도가 잘 되어 있다고 알려져 있는데도, 개개인을 보면 이렇게 다시 설 자리를 찾지 못하는 중장년층, 노년층이 있었던 것입니다.

같은 문제는 우리나라에서도 발생하고 있습니다. 다양한 정책 연구가 진행되었고, 중장년층과 노년층 대상 일자리 지원 제도가 시행되고 있지만, 여전히 제2의 진로, 제2의 경력을 찾아가지 못하는 사람들이 있습니다. 새로운 진로를 잘 찾았다고 생각했지만, 알고 보니 실패로 가는 길이기도 했습니다. 하지만 반대로 성공적으로,

제자리를 잘 찾아간 사람들도 있습니다. 이전의 직장에서보다 더 즐겁게, 더 만족하며 일하는 사람들도 있습니다.

중장년기, 노년기에 제2의 진로를 찾고자 하는 사람들의 수는 점점 더 증가할 것입니다. 우리나라 인구가 고령화되고 있고, 평균 수명이 길어지고 있으며, 과거와는 달리 젊게 사는 분들이 늘고 있기 때문입니다. 그런 분들에게 참고 자료가 될 수 있도록, 성공적으로 제2 진로를 찾고 만족스러운 삶을 영유하는 분들과 그렇지 못했던 분들의 사례를 이 책을 통해 공유하고자 합니다.

사례 공유를 허용해 주신 분들에게 심심한 감사의 말씀을 전합니다. 여러분들 덕분에 이 책이 나올 수 있었습니다.

차례

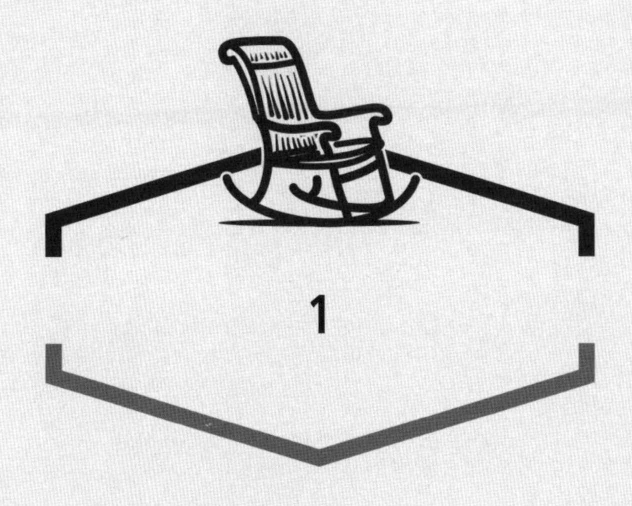

1

중장년층에게 희망을

1. 중장년층의 경제활동과 소득 수준 관련 통계

우리나라의 통계청은 중장년층을 만 40~64세에 해당하는 집단으로 분류하고 있습니다. 2021년 11월 기준, 통계청 조사에서 중장년층 인구수는 2,018만 2천 명, 무려 전체 인구의 40.3%였습니다.[1] 이 비중은 2050년에는 49.8%까지 증가할 것으로 예상되고 있습니다. 우리나라의 사회와 경제를 지탱하기 위해 중장년층의 역할이 매우 중요해진 것입니다.

하지만 중장년기는 많은 사람이 직장에서 나와야 하는 시기이기도 합니다. 정년이 보장되는 직장은 많지 않고, 직원의 경력이 축적될수록 인건비가 상승하니, 여러 기업에서 중장년층을 정리해고, 명예퇴직 등으로 내보내고 있습니다. 이렇게 내보내진 중장년층의 일자리 이동은 주로 하향취업 형태로 발생합니다.[2] 하향취업하는 시기는 공교롭게도 중장년층의 지출이 크게 증가하는 시기와도 맞물립니다. 40~50대에는 자녀 교육비와 부모님 부양으로 꾸준히 지출이 발생하고, 60대에는 자녀 결혼 등으로 한꺼번에 목돈이 나갑니다. 명예퇴직, 조기퇴직, 정리해고 등의 사유로 만 60세 이전에 퇴직하는 중장년층의 비중은 계속 증가하고 있지만, 실질적인 은퇴나이는 남성 72.9세, 여성 70.6세에 달하는 것으로 확인되고 있습니

1) 출처: 통계청 보도자료(2022.12.20.). 2021년 중·장년층 행정통계결과. 출처: https://kostat.go.kr/board.es?mid=a10301060700&bid=11895&act=view&list_no=422507 (검색일: 2024.9.10.)

2) 출처: 강민정(2023). 중장년층 노동시장의 특징과 이직자 하향 취업의 문제점. 출처: https://www.50plus.or.kr/org/detail.do?id=33924677 (검색일: 2024.9.10.)

●● 중장년층 특성별 평균소득(단위: 1만 원)

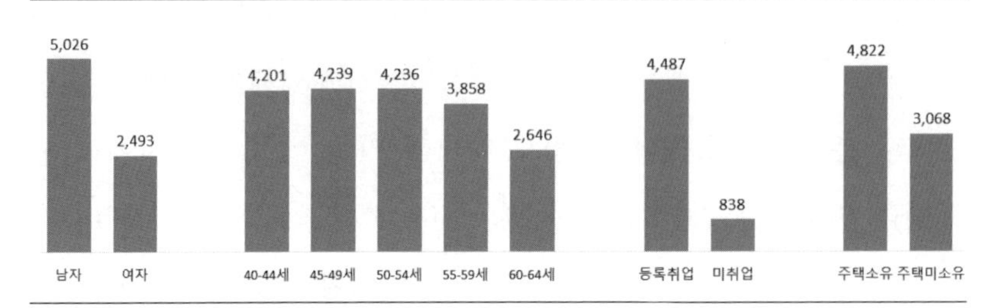

출처: 통계청 보도자료(2022.12.20.)

다. 중장년층도 빠른 은퇴를 희망하지만, 경제적 사정으로 재취업을 해야 하는 비중이 49.5%나 됩니다.[3]

앞서 언급한 통계청 조사에서 근로 및 사업소득(신고액)이 있는 중장년층의 비중은 77.1%, 평균 소득은 3,890만 원이었습니다. 남성과 여성의 격차가 극심하고, 60대에 이르면 다른 연령대에 비해 소득 수준이 60% 수준으로 급격히 낮아집니다.

중장년층의 경력 기간과 우리나라의 현재 물가 수준 등을 고려할 때, 높은 소득이라고 보긴 어렵습니다. 물론 맞벌이하는 가정도 있으니 가구당 소득은 좀 더 높겠지만, 이 소득으로 우리의 중장년층은 거주지를 장만하고, 자녀를 양육하고, 노부모 부양도 일정 부분 해내고 있습니다. 이렇다 보니 정작 본인을 위한 투자는 하기 어렵습니다. 과거에 비해 최근의 중장년층은 좀 더 취미, 여가활동 등 자기 계발을 중요시 여기고 있지만, 노후 준비 부족으로 인해 능동

3) 출처: 이코노미스트(2022.10.31.). “빨리 은퇴하고 싶지만…” 중장년층 경제적 이유로 일 못 놔. 출처: https://economist.co.kr/article/view/ecn202210310091 (검색일: 2024.9.10.)

적으로 참여하지 못하고 있습니다.[4] 국가와 사회, 가정을 위해 평생을 바쳐 온 중장년층인데 노후조차 안심할 수 없는 것입니다.

2. 중장년층에겐 접근하기 어려운 온라인 구직처

이제 우리나라의 구직 정보는 대부분 온라인에서 제공됩니다. 직업 정보도 온라인, 구인 정보도 온라인입니다. 내 이력서를 등록하는 것도 온라인에서 이뤄집니다. 중년층은 그나마 온라인 매체를 다양하게 잘 활용해 온 세대에 속하지만, 장년층 중에는 아닌 분들이 많습니다. 하나부터 열까지 도움이 필요합니다.

이 책을 쓰면서 온라인 구인·구직 사이트에 제 프로필을 등록해 봤습니다. 중장년층의 어려움을 이해하려면 직접 그 상황을 경험해 봐야 하기 때문입니다. 저는 아직 중년치고는 젊은 축에 속하고, 어린 시절부터 온라인 세계와 밀접하게 살아왔지만, 프로필 등록에 생각보다 긴 시간이 걸렸습니다.

제 개인정보를 시작으로 학력, 경력, 자격, 기술 등을 등록해야 하는데, 구인·구직 사이트에 따라 일부 항목은 정확한 공식 명칭을 스크롤 메뉴에서 찾아서 넣어야 하는 곳이 있었습니다. 스크롤을 내리며 하다 보니 엉뚱한 항목이 자꾸 등록되어서 삭제하고 처음부터 다시 찾아야 했습니다. 자기 소개서는 글자 제한이 사이트마다 조금씩 다를 때가 있어, 그때마다 수정해서 넣어야 하기도 했습니

4) 출처: 박지숭(2012). 도시지역 50대 장년층의 여가생활 실태와 정책과제. 보건복지포럼 2012년 12월 통권 194호, pp. 75－84.

다. 결국 나중에는 아예 자기소개서 작성을 포기하고, 그냥 프로필을 등록하기도 했습니다. 연구 목적으로 진행한 것인데 정말로 구인하시는 측에서 연락이 와서 당황하는 일이 있기도 했습니다. 제 전공과 깊은 관련이 있고, 흥미로운 일이기도 했으나 제 우선순위는 연구라서 아쉬운 마음과 함께 거절해야 했습니다.

아무튼 이런 우여곡절을 겪어가며 프로필 등록을 해 봤는데 쉽지 않았습니다. 온라인 매체 사용에 서툰 분들이라면 프로필을 등록할 때, 저보다 훨씬 많은 시간이 소요될 것입니다. 또한 과거에 비해 자기소개서의 트렌드도 바뀌었으니, 어떻게 작성해야 하는지도 고민하게 될 것이고요. 진로 관련 연구를 해왔고, 부족한 필력이나마 꾸준히 글을 쓰고 있는 제게도 자기소개서를 새로 작성하는 건 상당한 고민을 필요로 하는 일이었습니다.

중장년층 또는 그 이상 연령대를 채용하는 사업장에서 이런 점을 고려해 준다면 좋겠지만, 공정한 채용을 위해서는 마냥 배려를 기대할 수만도 없습니다. 결국은 중장년층이 자기 어필을 하는 방법과 전략을 배워야 한다는 의미입니다. 고용센터에 관련 프로그램이 있긴 합니다만, 이런 프로그램이 있다는 것도 모르는 중장년층이 적지 않습니다. 특히 평생 한 직장에서 일해온 중장년층 중에는 고용센터의 존재 자체를 모르는 분들도 있습니다.

이렇듯 근본적인 제약이 있다보니 정부에서 중장년층 지원을 위한 다양한 정책을 세우고, 지자체에서 관련 정책사업을 추진해도 효과성을 기대하기 어렵습니다. 워낙 중장년층 인구가 많다 보니 자원이 분산되기도 하고, 중장년층 다수는 정보 검색 역량을 제대로 교육받지 못한 세대이기 때문에, 지원 사업이 있어도 관련 정보를 찾는 데 어려움을 겪기 때문입니다.

정보를 찾아내도, 정보 제공 방식이 중장년층의 눈높이와 맞지 않아 대체 뭘, 어떻게 지원해 준다는 것인지 파악하기 어려워하는 중장년층도 있습니다. 정보의 공급도 있고, 수요도 있는데 서로 매칭이 잘 안되는 것입니다. 당장 접하는 정보가 부족하고, 정보를 찾아도 이해하기 어렵다면 적극적으로 새로운 일자리나 그 외의 진로 활동에 뛰어들 의욕을 갖기도 어렵습니다.

그렇다면 새로운 접근방식을 찾아야 합니다. 저의 개인적인 경험은 비슷한 상황에 있는 다른 분들은 이렇게 하더라 하고 사례를 알려주는 것이 가장 효과적이라는 거였습니다. 제 나이로는 이제 갓 중장년기에 진입했습니다. 하지만 진로와 직업을 연구했고, 주변에서 다양한 방식으로 중장년기와 노후의 진로를 찾은 사례들이 있어서인지 유독 저에게 본인의 상황을 얘기하시는 분들이 많았습니다. 그때 이런저런 사례들을 말씀드리면 무척 신기해하시는 분들도 계시고, 본인도 해 봐야겠다고 하시는 분들도 있었습니다.

다음 장에서부터 이어질 사례들은 저와 소통했던 중장년층 분들이 공유해 주시고, 책에 써도 좋다고 허용해주신 이야기들을 담고 있습니다. 아쉬운 사례도 있고, 성공한 사례도 있습니다. 제 나름의 기준으로 아쉬운 사례는 저와 소통했을 시점에 사례자 본인이 만족하지 못한 경우로, 성공한 사례는 사례자가 만족한 경우로 분류해 봤습니다. 2장과 3장은 사례자가 만족하지 못했던 사례입니다. 4장 이후부터는 사례자가 만족한 사례들을 담았습니다. 객관적으로는 2

장이나 3장보다 4장 이후부터 등장하는 사례 속의 일자리가 상대적으로 더 조건이 낮은 것처럼 보일 수도 있습니다. 하지만 사례자의 현재 만족도를 바탕으로 구분했다는 점을 감안하고 봐주시면 좋겠습니다.

2

평생 한 우물,
갈 길 찾기 더 어려워

'한 우물을 파야 한다'

우리 속담에 있는 말입니다. 하지만 현대 사회를 살아가는 우리의 진로에는 더 이상 맞지 않게 된 말입니다. 자칫 저도 이 '한 우물'에 빠질 뻔했으나, 다행히 관련 연구를 한 덕분에 잘 빠져나올 수 있었습니다.

저의 '한 우물'은 심리학이었습니다. 심리학을 공부하겠다고 결심한 건 초등학생 때, 박사학위까지 받겠다고 결심한 건 중학생 때였습니다. 상당히 이른 나이에 진로를 확고하게 결정한 거였습니다. 중학생 자녀를 둔 부모님들은 제 사례를 들으시고 너무나 대단하다며, 어떻게 그렇게 자녀를 키울 수 있냐며 제 부모님을 부러워하시기도 했습니다.

하지만 빠르게 하나의 진로를 결정하는 것이 과연 좋을까요? 일찍부터 뭘 공부하고, 어떤 직업을 갖겠다며 결정해 두고 그 목표만 보며 질주하는 사람이 여기 기웃, 저기 기웃하며 천천히 가는 사람보다 더 현명한 것일까요? 과거에 직업 세계가 지금보다 단순하고, 한번 선택한 직업이 평생을 갔을 때는 그랬을지도 모릅니다. 80~90년대까지만 해도 입사하면 정규직에 평생직장을 보장받았고, 고등학교 또는 대학만 나와도 취업이 보장되기도 했습니다. 우리 회사로 와달라며 면접생들을 잘 대우하는 모습이 결코 드물지 않았습니다. 기대수명도 지금처럼 길지 않았으니 한번 선택한 진로는 끝까지 내 진로였습니다.

지금은 어떨까요? 90년대 IMF 금융위기 이후, 더는 평생직장을 보장받기 어려워졌습니다. 일자리는 줄어들었고, 노동시장에는 베이비부머(1955년~1963년대 출생)와 그 자녀 세대가 동시에 존재하면서 심각한 취업 경쟁이 시작됐습니다.

제가 학위를 받은 2010년에는 이미 일자리 불안정과 실업률이 큰 문제로 대두되고 있을 때였습니다. 그만큼 너무 일찍 진로를 결정하고 한 길만 본 것은 상당히 위험할 수 있는 선택이었습니다. 다행히 계획대로 심리학 학위를 받았고, 안정적인 직장을 잡긴 했습니다. 하지만 학위 받은 이후에 목표대로 취직하지 못할 가능성을 전혀 생각하지 않았습니다. 다른 분야의 취업도 고려하지 않았습니다. 복잡하고 험난한 직업 세계에서 직업을 쟁취하기 위해 활용할 수 있는 기술을 다양하게 마련해 두질 않았습니다. 운이 나빴다면 자칫 고학력 장기 무직자가 될 위험한 상황이었던 것입니다.

한번 선택한 직업이 평생을 갔던 시기는 이미 지났습니다. 정규직에 평생직장을 보장받고, 한번 선택한 진로가 평생 진로였던 시기는 90년대에 막을 내렸습니다. 그때에 비해 기대수명도 길어졌습니다. 빠르면 40~50대부터 첫 직장에서 은퇴해야 하는데, 그 후의 40~50년을 생각해야 합니다. 빠른 속도로 직업이 새로 생겨났다가 사라져갑니다. 기술은 더 빨리 변화해서 내가 알고 있던 지식은 몇 년, 심지어 몇 달 만에도 뒤쳐진 것이 되기도 합니다. 물론 지금도 한길만 쭉 파서 성공하고 노후까지 잘 활용하는 분들도 있지만, 그런 기회는 비교적 제한적입니다.

너무 한 길만 팠기에 퇴직 이후에 고민하게 된 분들, 한길만 쭉 파다가 중장년기에 들어 곁가지를 뻗으려 해 봤지만 더 큰 고민을 떠안게 된 분들, 곁가지를 뻗어보긴 했지만, 그 과정에서 혹독한 몸살을 겪은 분들, 우리 주변에서 볼 수 있는 그런 분들의 이야기를 살펴보겠습니다.

1. 퇴직 후, '나'는 없었어

책 소개에서 언급했던 일본인 아베 차장(가명)의 사례입니다. 아베 차장의 사례는 제가 이 책을 구상하게 된 계기가 되었습니다. 이런 책을 쓰고 싶은데 아베 차장의 사례를 넣어도 괜찮겠냐고 물었을 때, 생각보다 흔쾌히 허락을 해주셨습니다. 그때 아베 차장이 거절하셨다면, 저도 다음 사례를 수집할 엄두를 내지 못했을 것입니다.

제가 만났을 당시, 아베 차장은 무척 대화에 목말라 있는 상태였던 걸로 짐작이 됩니다. 식당에서 처음 본, 그것도 국적도 다른 저에게 말을 걸 정도로요. 민폐 끼치는 걸 조심스러워하는 일본인들의 성향상 저에게 말을 거는 것이 쉽지는 않았을 것입니다. 저도 처음에는 어떤 의도로 접근한 것인지 경계했고요. 평소대로라면 못 들은 척 무시했을 것입니다. 그런데 유독 그날은 아베 차장이 건네는 말을 지나치지 못했습니다. 아베 차장은 오히려 일본 여성이라면 말을 건네지 못했을 텐데, 제가 외국인 같아 보여서 조금 더 편하게 말을 하게 됐다고 했다고 합니다.

① 사례자

아베 차장(가명), 연령 미상

② 사례자의 배경

- 기업 간부로 퇴직
- 가정 경제 수준: 사치만 하지 않으면 추가 경제활동을 하지 않아도 현재 수준 유지 가능

- 가족 지원 필요 여부: 자녀가 취업할 때까지 일부 지원 필요, 배우자 부양 필요
- 평소 관심사: 본인도 잘 모름

구글 번역기와 아베 차장이 말하는 단어의 조합으로 제가 알아들은 아베 차장의 상황은 이러했습니다. 아베 차장은 다니던 기업에서 높은 간부의 자리까지 올랐던 사람이었습니다. 잠을 자는 시간 외에는 휴식 없이 일하는 삶을 살아왔습니다. 회사 일을 위해 집안일은 후순위로 뒀고, 자녀들이 어리던 시절엔 운동회부터 졸업식까지 거의 참여하지 못했습니다. 식사 시간조차 조찬 회의, 오찬 회의, 만찬 회의가 되는 일이 흔했습니다. 배우자가, 자녀들이 뭔가를 함께 하자고 할 때마다 아베 차장의 대답은 '나중에'였습니다.

바쁘게 살던 아베 차장은 건강이 악화하면서 휴식의 필요성을 느꼈고, 회사를 위해 퇴직을 했습니다. 회사를 위해 퇴직했다는 표현을 고려할 때, 명예퇴직이 아니었을까 추측해 봅니다.

③ 사례자의 선택

없음

아베 차장에게는 희망 진로가 없었습니다. 은퇴 이후, 아베 차장은 천천히 쉬면서 가족과 여행도 다니고, 하고 싶은 취미도 즐기면 될 것으로 생각했습니다.

④ 선택 이후의 변화

가정 내에서의 고립

정작 퇴직한 아베 차장이 마주한 건, 아무도 없는 집에서, 할 일 없이 혼자 보내는 시간이었습니다. 성인이 된 자녀에게도 각자의 삶이 있었고, 양육에서 벗어난 배우자에게는 운동하고, 취미를 즐기고, 여행하는 친구들이 여럿 있었습니다. 가족들은 이미 아베 차장 없이 삶을 살아가는 데 익숙했고, 아베 차장을 위한 자리를 다시 내어 줄 의향이 없었던 듯합니다. 우리나라에서도 일만 하던 가장이 은퇴했을 때, 접할 수 있는 상황입니다.

한창 일할 때는 쏟아지던 약속도 퇴직하면서 끊기다시피 했습니다. 그나마 퇴직 직후는 몇 건이나마 유지가 됐지만, 그나마도 점점 사라졌습니다. 계속 바쁘게 살아온 아베 차장에게는 할 일 없는 시간이 견디기 어려웠습니다. 자신이 쓸모없는 사람이 된 것 같았습니다.

아베 차장은 계속 집안에만 있다간 죽을 것 같다는 생각이 들었다고 합니다. 그래서 약속이 없어도 밖에 나오기 시작했고, 혼자 식사하고, 혼자 시간을 보내는 사람들이 많다는 걸 처음 알게 되었습니다. 혼자인 것이 자신만이 아니라는 걸 알게 됐다는 게 위로가 되었다고 합니다. 하지만 혼자 식사하고, 차를 마시는 것 외에 뭐를 해야 하는지는 모르겠다고 했습니다. 일본에서는 인구 부족으로 노인 인력을 적극 활용하고 있다고 들었는데, 역시 사각지대는 있었나 봅니다.

⑤ 사례자의 약점

다른 사람의 일에 관심을 두지 않았던 좁은 시야, 새로운 길을 찾고자 하는 의지 부족, 정보 탐색 부족

저는 입국할 때, 공항에서 입국 신고를 도와주던 사람들이 모두 노인이었다고, 아베 차장도 그런 일을 할 수 있지 않으냐고 물어봤습니다. 아베 차장은 전혀 몰랐다고 했습니다. 아베 차장은 출장으로 여러 차례 해외를 다녀왔지만, 누가 입국 신고를 해주는지 살펴볼 생각을 하지 않았던 것입니다.

아베 차장은 외국인인 저에게 어떻게 그런 일자리를 찾을 수 있는지 물어보기도 했습니다. 제가 관련 연구를 해본 사람이 아니었다면 매우 당황스러울 상황이었습니다. 여행 온 외국인에게 자국의 일자리를 찾는 방법을 질문하다니.

일본은 고령자 일자리 지원 사업이 상당히 잘 운영되는 국가로 꼽힙니다. 관련 내용을 언급하자 아베 차장은 들어본 적이 있다고 했습니다. 들어는 봤지만, 본인이 활용할 수 있다는 생각은 하지 못한 것입니다. 지원 정책이 마련되어 있어도, 그 정보가 수요자에게 닿지 못한다면 활용할 수 없습니다. 정책 수요자가 퇴직하기 전에 이런 정보를 알아볼 수 있는 준비가 되도록 퇴직 준비 교육이 필요

함을 보여주는 사례입니다.

아베 차장은 한 번 만난 제가 보기에도 성실함이 행동과 말투에서부터 묻어나는 분이었습니다. 이런 분이 정보를 얻었으니 곧 새로운 진로를 개척해 나가는 모습을 보여줄 수 있을 것으로 생각됩니다.

2. 나 잘 나가던 은행 지점장이었는데

두 번째 사례자인 김 지점장(가명)은 퇴직 후의 진로에 대해 자신감이 넘쳤지만, 생각과 현실이 다르다는 것을 첫 시도에 경험하게 된 사람이었습니다. 다만 왜 그런지에 대한 성찰을 하지 못했습니다. 자신이 가진 것을 남들이 알아주지 못한다고 생각했습니다.

① 사례자

김 지점장(가명), 60대

② 사례자의 배경

- 은행 지점장으로 은퇴
- 가정 경제 수준: 추가 경제활동을 하지 않아도 현재 수준 유지 가능
- 가족 지원 필요 여부: 자녀는 이미 독립, 배우자와 부모 부양 필요
- 평소 관심사: 골프, (새롭게) 창업

김 지점장은 청년 시절 첫 직장으로 은행에 입사했고, 은행 지점장의 자리에서 퇴직했습니다. 대학도 좋은 곳을 나왔고, 오랜 기간

능력 있는 직원이자 임원으로 대접받으며 일해왔습니다. 은퇴 후의 삶에 대해서도 자신만만했습니다.

③ 사례자의 선택

프랜차이즈 베이커리 카페 경영

김 지점장은 퇴직 후에 프랜차이즈 베이커리 카페에 눈을 돌렸습니다. 은행에서 오랫동안 일해왔기 때문에 사업자금을 대출받을 수 있는 경로에 대해서도 잘 알았고, 신용도도 높았습니다. 카페 위치만 잘 잡으면 수입도 괜찮게 나올 것이고, 베이커리는 직원을 고용하면 될 것이라고 생각했습니다. 프랜차이즈 본사에서 주는 생지를 굽기만 하면 된다니 그게 뭐가 힘들겠나 하는 안일한 생각마저 했다고 합니다.

④ 선택 이후의 변화

본사의 거절

김 지점장은 프랜차이즈 본사에 가맹점 개설을 신청했고, 당연히 좋은 결과가 있을 것이라고 예상했습니다. 하지만 결과는 거절이었습니다. 김 지점장은 분노했습니다. 본인처럼 거를 것 없는 사람의 신청을 왜 거절한 거냐고.

⑤ 사례자의 약점

선택한 진로에 대한 이해 부족, 정보 미탐색

김 지점장은 본인이 왜 거절당한 건지 이해할 수 없다고 했지만, 옆에서 얘기를 들어 본 저는 이유를 알 수 있었습니다.

첫째, 김 지점장은 다년간 지점장으로 일해왔기 때문에 대접을 받는 것에는 익숙하지만, 대접을 하는 것에는 익숙하지 않았습니다. 소수의 '높은' 고객을 접대하긴 해도 본인이 직접 자잘하게 챙기는 역할을 하지는 않았습니다. 주로 다른 직원들에게 접대를 위한 지시를 내리는 입장이었습니다. '높은' 위치에 있지 않은 고객들, 프랜차이즈 카페를 이용할 일반 고객층에 대한 서비스 의식은 부족했습니다. 본사 담당자가 보기에 김 지점장의 매장은 불친절 매장으로 평가될 가능성이 커 보였을 것입니다. 점주가 고객에 대한 친절을 잊으면, 직원도 그 태도를 본받기도 쉬우니까요. 실제로 김 지점장은 성품이 나쁜 사람은 아니지만, 주변 사람에게 고압적인 모습을 보이거나, 아무에게나 '지시하는' 일을 쉽게 생각하는 면이 있었습니다.

둘째, 김 지점장은 베이커리 카페 운영을 위해 필요한 업무에 대해서 이해하지 못하고 있었습니다. 오랫동안 은행 일을 해왔으니 돈 관리를 하는 데는 익숙했을 겁니다. 물품(재고) 관리도 어쩌면 익숙하게 해낼 수 있을지 모릅니다.

하지만 베이커리 카페 운영에는 그 외에도 다양한 업무가 동반됩니다. 식품을 생산하는 업인 만큼 판매할 것들을 준비하는데 많은 준비가 필요하고, 식품 위생 관리를 위해 지켜야 할 것도 많습니다. 베이킹을 단순히 본사 생지 받아 굽는 것 정도로 가볍게 생각한 것만 봐도 김 지점장이 얼마나 관련 업무에 대해 모르는지 잘 알 수 있습니다.

셋째, 김 지점장은 오랫동안 임원의 위치에 있었습니다. 실무 관련해서도 직원을 고용하면 된다는 생각이 우선이었습니다. 직접 고객 대응을 해야 할 수도 있다는 걸 알고는 있지만, 직원이 주로 하고 본인은 가끔 직원이 없을 때만 하면 될 것이라고 생각했습니다. 하지만 현실의 베이커리 카페를 생각해보면 어떨까요? 물론 자금이 넉넉해서 본인이 실무를 아예 하지 않는 점주도 있긴 합니다. 장사가 잘되고, 인건비를 충분히 감당할 수 있다면 여러 직원을 고용하면서 실무를 최소한으로만 하는 것도 가능할지 모릅니다.

김 지점장의 현재 자금력은 좋은 편이지만, 막상 영업을 시작한 뒤에 장사가 잘될지 아닐지는 불확실합니다. 이런 상황을 고려할 때, 점주로서 직원들보다 더 열심히, 더 많이 매장 업무를 해야 할 수도 있다는 생각을 김 지점장은 하지 않았습니다.

평생 은행 업무만 해 왔기 때문에 다른 분야에 대한 이해도가 부족했던 김 지점장은 본사 담당자의 '보는 눈'을 탓할 뿐, 자신에게 약점이 있다는 걸 깨닫지 못했습니다. 좁은 시야는 하나의 분야만 팠던 사람들의 특징 중 하나입니다. 시야를 넓히고, 다른 세상과 삶이 있음을 알아야 한다는 것, 내 일만 힘든 게 아니라 다른 사람의 일도 힘들다는 것, 이런 것들을 한 길만 파 온 김 지점장은 몰랐던 것입니다.

하지만 김 지점장은 분명 능력이 출중한 분입니다. 그 능력이 본인이 일차적으로 원했던 진로와 잘 맞지 않는 것 뿐입니다. 스스로 능력을 잘 활용할 수 있는 다른 분야를 찾는다면, 성공한 중장년기 재취업 사례에 당당히 이름을 올릴 수 있을 것으로 기대하고 있습니다.

3. 날아간 내 퇴직금

이 선생(가명)에게는 퇴직 이전부터 하고 싶었던 일이 있었습니다. 하지만 하고 싶은 일이 있다고 준비 없이 바로 할 순 없다는 걸 알지 못했습니다. 충분한 정보 탐색이 필요하다는 것을 미처 생각하지 못했고, 그 결과가 실패로 이어진 안타까운 사례였습니다.

① 사례자

이 선생(가명), 50대

② 사례자의 배경

- 명예퇴직한 교사
- 가정 경제 수준: 추가 경제활동을 하지 않아도 현재 수준 유지 가능
- 가족 지원 필요 여부: 미취업 자녀가 있으나 남편이 부양 가능
- 평소 관심사: 커피, 다도, 수예 등

이 선생은 평생 교사로 일하다가 일찍 명예퇴직을 한 사람이었습니다. 경제적인 것만 고려한다면 노후 걱정을 할 필요가 없었습니다. 이 선생의 남편은 재직 중이었기 때문에 퇴임 후 연금을 받게 될 것이고, 이 선생 본인도 적지 않은 퇴직금을 받았기 때문이었습니다.

③ 사례자의 선택

카페 경영

이 선생은 평소에 커피를 좋아했고, 퇴직 후에는 카페를 운영해 보고 싶다는 생각을 종종 했다고 합니다. 취미로 시작했지만, 바리스타 자격도 갖고 있었습니다. 분위기 좋은 카페에서 깔끔한 복장으로 커피를 내려주는 바리스타를 볼 때마다 본인도 충분히 할 수 있겠다고 생각했습니다.

거기에 지인의 조언에 더해졌습니다. 커피 원재료는 몇백 원이지만 팔면 몇천 원이니 이익이 크다는 말에 귀가 솔깃했습니다. 초기 투자비, 가게 월세, 인건비, 관리비, 프랜차이즈라면 가맹점비 등을 함께 고려해야 했지만, 이 선생의 마음은 이미 기운 상태였습니다. 남편이 말리고, 자녀들이 말렸지만, 이 선생은 과감하게 투자를 진행하기로 했습니다. 다만 전부터 모아뒀던 돈과 퇴직금을 합하여 자금을 마련했고, 그 안에서만 시도하겠다고 남편과 약속했습니다.

④ 선택 이후의 변화

사업 실패, 가족과의 갈등

이 선생은 시작부터 공인중개사의 현란한 말에 넘어갔습니다. 건물은 깨끗하지만, 권리금 없고, 보증금과 월세가 시세보다 저렴한 곳을 추천받고, 좋은 매물이라고 생각한 것입니다. 이미 그 조건 자체게 뭔가 약점이 있다는 의미인데 말입니다. 정해진 자금 안에서 모든 것을 해결해야 한다는 제약도 이 선생의 눈을 흐리게 했습니다. 보증금과 월세가 저렴하면 시작부터 이익이라는 생각을 한 것입니다.

건물은 실제로 보기에 좋아 보였습니다. 구축이지만 장소도 넓고, 신축급으로 보였다고 합니다. 주변에 다른 건물이 많지 않고, 나무가 우거진 것도 이 선생에게는 좋아 보이기만 했습니다. 주변에 유동 인구가 별로 없다는 것부터 마이너스로 시작한다는 걸 생각하지 못한 것입니다.

이 선생은 건물을 계약하고, 평소에 좋아하던 깔끔하고 무난한 스타일대로 내부 인테리어를 했고, 바리스타 자격이 있는 직원을 하나 채용했습니다. 카페가 외곽에 있기 때문에 출퇴근이 힘들다는 말에 생각했던 것보다 급여를 올려주기로 약속하기도 했습니다. 인테리어 업자와의 갈등으로 골머리를 썩긴 했지만, 초기의 액땜 정도로 생각하기로 했습니다.

카페 개점 일정이 가까워지면서 주변 지인들에게 입소문으로 알리고, 지역 신문에 광고도 냈습니다. 손님이 없을 거라는 생각은 하지도 않았습니다.

개점 첫 주부터 이 선생의 기대는 깨졌습니다. 지인들이 잠시 다녀간 것 외에 찾아오는 손님은 거의 없었습니다. 게다가 지인이라는 이유로 음료와 티푸드를 서비스로 주기도 했기 때문에 매출도 얼마 되지 않았습니다.

이후, 지인의 지인들도 가끔 오기 시작했으나 그들의 요구는 이 선생을 당황하게 했습니다. 누구누구에게는 뭘 서비스로 줬다던데 하면서, 본인들에게도 무료 음료와 티푸드를 제공할 것을 간접적으로 요구한 것입니다. 이 선생은 처음으로 땅 팔아 장사하느냐는 자영업자들의 한탄이 현실임을 깨달았다고 합니다. 장사꾼들은 그래도 다 먹고 살길이 있다고 생각했었는데 아닐 수도 있다는 걸 깨달은 것입니다.

지인들의 발길도 끊어지면서 아예 손님이 없는 날도 있었고, 점차 카페를 여는 것이 닫는 것보다 손해가 되었습니다. 결국 한계가 왔습니다. 카페를 닫았을 무렵엔 밀린 월세로 보증금도 별로 돌려받을 수가 없었습니다.

이 선생의 남편도 교사로 은퇴했기 때문에 다행히 생활비를 걱정할 필요는 없었지만, 평생 모아온 돈이 한순간에 날아갔다는 것 때문에 정신적 충격이 컸습니다. 남편과 동등하던 입장에서 의존하는 입장이 된 기분도 이 선생의 자존감을 깎아내렸습니다. 자녀들도 헛된 투자를 했다고 이 선생을 나무랐습니다.

자존심 때문에 내 돈 잃었는데 왜 그러느냐고, 남 일에 신경 쓰지 말라고 한 결과, 한동안 가족과 사이도 악화됐다고 합니다. 자녀의 일에 관여하려고 할 때면, 자녀로부터 남 일에 참견하지 말라는 말을 들어야 했습니다.

⑤ 사례자의 약점

선택한 분야에 대한 정보 탐색 부족, 타인에 대한 지나친 신뢰, 서비스업을 선택했으면서도 고객이 아닌 본인의 취향 중시

이 선생은 카페 경영을 선택했으나 정작 그 분야에 대한 현장의 정보를 알아볼 생각은 하지 않았습니다. 또한 부동산 중개업자의 말만 듣고 유동 인구가 적은 장소를 선택했습니다. 그런 위치의 카페가 살아남기 위해서는 고객의 관심을 끌고, 수요에 부응할 수 있는 컨셉을 살려야 했습니다. 멀리 떨어져 있어도 찾아오고 싶어지는 카페가 되어야 했던 것입니다.

하지만 본인의 취향에 맞춰 단정하고 무난한 컨셉으로 내부를 인테리어 했습니다. 유동 인구가 많은 시내였다면 나쁘지 않은 선택이었지만, 외곽에 있는 특색 없는 카페는 굳이 찾아갈 이유가 없습니다. 시내에서도 비슷한 카페는 얼마든지 쉽게 접근할 수 있으니까요.

이 선생이 넘긴 자리에는 새롭게 카페 겸 바가 들어왔습니다. 이 선생에게는 무척 속상하게도 새로운 카페는 장사가 잘되었다고 합

니다. 새로운 사장은 적극적으로 SNS 홍보를 하면서 특색 있는 카페 바라는 걸 어필했습니다. 낮에는 커피와 차 같은 음료를 주로 팔고, 저녁에는 술을 팔면서 손님층을 넓혔습니다.

새롭게 단장한 카페 인테리어가 이 선생의 눈에는 거슬렸지만, 고객층에게는 크게 호감을 샀습니다. 독특한 특색을 갖춘 카페는 외곽에 떨어져 있어도 고객의 관심을 끈다는 것, 때로는 오히려 외곽이라는 점이 매력일 수도 있다는 걸 이 선생은 알지 못했던 것입니다.

평생 하나의 분야, 하나의 직업에만 종사해 왔기 때문에 이 선생 역시 시야가 넓지 못했습니다. 투자를 시작하기 전에 먼저 관련 정보를 알아봐야 한다는 걸 생각하지 않았고, 카페는 서비스업이므로 고객의 수요에 맞출 수 있어야 한다는 점을 알지 못했습니다.

명예퇴직 이후, 이 선생의 첫 도전은 실패로 끝났습니다. 하지만 사람은 실패를 통해 학습할 수 있습니다. 다행히 이 선생은 노후의 생활비를 걱정하지 않아도 됩니다. 다른 많은 중장년층보다 오히려 더 나은, 새 출발점에 서 있습니다. 오랫동안 교사로 재직하며 쌓은 역량도 사라지지 않았습니다. 이런 점을 잘 활용한다면 본인이 만족할 수 있는 새로운 진로를 찾을 수 있을 것입니다.

4. 나도 한때 사장이었다

박 사장(가명)은 제법 크게 자영업을 운영하던 사장이었습니다. 수십 년간 쉬지도 못하고 일하다가 마침내 사업을 정리하고, 편하게 노후 준비를 했다고 생각했으나 투자처에 심각한 문제가 있었습니다.

① 사례자

박 사장(가명), 50대

② 사례자의 배경

- 사업을 정리하고 재투자한 퇴직자
- 가정 경제 수준: 추가 경제활동을 하지 않아도 퇴직 이전의 수준 유지가 가능했음.
- 가족 지원 필요 여부: 자녀가 취업할 때까지 일부 지원 필요, 배우자 부양 필요
- 평소 관심사: 여행, 여가생활, 가족

박 사장은 일찍부터 자영업에 뛰어든 사람이었습니다. 성실한 성격과 뛰어난 판단력 덕분에 금방 사업의 규모를 불릴 수 있었습니다. 매일 이른 아침부터 밤늦게까지 단 하루로 빠짐없이 가게를 열었습니다. 가게를 열지 않으면 놓치게 될 매출이 아쉬워서 쉴 수가 없었습니다.

가족과 여행 한 번 가보지 못하고 열심히 살아왔지만, 점차 온라인 판매가 활성화되면서 오프라인 사업은 축소될 수밖에 없었습니다. 전통적인 판매 방식에 익숙한 박 사장은 더 이상 버티기 힘들다고 느꼈습니다. 박 사장은 사업을 정리하고, 이른 퇴직을 했습니다. 사업체를 넘기고 남은 돈은 안전성이 보장되며, 심지어 매월 수

익이 나올 수 있는 투자처에 투자했습니다. 지자체에서 안정성을 보장한 투자처였기 때문에 안심하고 투자한 것입니다.

③ 사례자의 선택 |

투자 수익으로 경제적 안정을 누리는 은퇴자

은퇴 후, 한동안은 생활이 안정적이었습니다. 박 사장은 투자 수입으로 생활비를 쓰면서, 골프, 사냥 등 평소 하고 싶었던 스포츠를 취미로 즐기는 삶을 살았습니다. 지역 유지 모임에서 간부를 맡기도 했습니다.

④ 선택 이후의 변화 |

투자처 문제 발생, 사라진 수익

하지만 그때쯤, 박 사장의 투자처에 문제가 생기기 시작했습니다. 수익이 눈에 띄게 줄었고, 아예 수입이 입금되지 않을 때도 있었습니다. 문제가 지속되자 박 사장은 같은 곳에 투자한 사람들과 함께 투자처를 방문했고, 그제야 투자가 불법이었음을 알게 되었습니다. 투자의 안전성을 보장한다던 지자체는 그 과거를 까맣게 잊은 듯, 투자가 불법이었으니 투자자가 책임을 지는 것이 마땅하다는 태도였습니다. 담당자도 모두 바뀐 터라 자신은 예전 일을 알지 못한다는 답뿐이었습니다.

박 사장과 다른 투자자들은 민원을 넣었지만, 아무 소용이 없었습니다. 언론사에 제보해 봤지만, 기사는 나가지 않았습니다. 피해를 본 사람이 박 사장만이 아니었고, 어마어마한 규모였는데도 말입니다.

투자자 중 몇 명은 좌절하고 자살하기도 했습니다. 투자자 중 대부분이 평생 모은 돈을 투자한 사람이었고, 자신의 건강과 젊음과 바꾼 돈이 사라지게 되게 되었다는 사실이 너무도 절망스러웠기 때문입니다. 박 사장도 같은 마음이었습니다.

⑤ 사례자의 선택 II

공공시설의 지원직

박 사장이 스스로 마음을 수습할 수 있었던 것은 특유의 성실함과 책임감 덕분이었습니다. 더는 투자 수익으로 생활비를 충당할 수 없었고, 자녀에게 의존할 생각은 없었습니다. 투자 실패로 인한 빈곤은 최대한 본인 세대에서 끝내야 한다는 것이 박 사장의 생각이었습니다.

박 사장은 일자리를 찾기 시작했습니다. 장년의 나이에 그가 할 수 있는 일이 많지는 않았습니다. 건강도 좋지 않았기에 더더욱 그랬습니다. 박 사장은 투자 수입으로 풍족하게 생활하던 몇 년간 자격증 하나 받아두지 않은 것이 너무도 후회되었다고 합니다. 그래도 열심히 일자리를 알아보고 이력서를 보낸 덕분에 박 사장은 공공기관의 비정규직 일자리에 취직할 수 있었습니다.

⑥ 선택 이후의 변화 II

비정규직 차별 대우, 갑질

취업 이후, 박 사장에게는 새로운 시련이 닥쳤습니다. 젊었을 때부터 한 사업체의 '사장'으로 살아왔던 박 사장은 태어나서 처음으로 비정규직의 서러움을 느끼게 되었습니다. 자신의 자녀뻘, 조카뻘인 정직원들이 손가락 끝으로 부리는 것에 모멸감을 느껴야 했습니다. 신입인 박 사장을 견제하는 다른 고령자 비정규직의 텃세도 힘들었고, 업무 지시를 제대로 하지 않았으면서 문제가 생기면 박 사장 탓을 하는 부서장 때문에 당장 그만두고 싶어질 때도 있었습니다.

박 사장은 처음으로 노동권과 인권에 대해 생각을 해보게 되었습니다. 한참 사업체를 경영하고 있을 때, 뉴스에서 비정규직 근로자들이 처우 개선을 요구하며 시위하는 것을 보면서 일이 있고 월급 꼬박꼬박 나오는 것에 감사해야 한다며 비난했던 것이 그렇게 후회될 수 없었다고 합니다.

처음으로 사용자가 아닌 직원, 그것도 비정규직 직원으로 일하면서 박 사장은 내려놓는 법을 배웠습니다. 자존심을 내려놓았고, '사장'의 사고방식을 내려놨으며, 대우받고 존중받는 것이 당연하던 과거를 내려놓았습니다. 그렇게 되기까지 2년이 걸렸고, 박 사장은 퇴사했습니다.

박 사장은 몇 달간 실업급여를 받으며 다른 일자리를 찾았고, 새로운 직장에서는 한결 더 쉽게 적응할 수 있었습니다. 이미 비정규직에 대한 대우가 어떤 수준인지 경험했기 때문에 기대 수준이 낮았기 때문입니다.

하지만 문득문득 자괴감이 들 때가 있다고 합니다. 한때 사장으로 대접받으면서 떵떵거리고 살았는데, 이제는 노동시장에서 가장 취약한 집단 중 하나인 고령자 비정규직이 되었다는 것 때문에 순간 울컥할 때가 있다고 합니다.

왜 지자체 공무원의 말만 믿고 전 재산을 투자했을까?

왜 진작 다른 기술이나 자격을 배워두지 않았을까?

왜 사업 경영에만 몰두하고, 다른 일을 하게 될 가능성을 생각해보지 않았을까?

왜...?

수많은 '왜?' 속에서 박 사장은 수십 번 갈등과 체념을 겪었습니다.

⑦ 사례자의 약점

미래의 진로 가능성에 대한 탐색 및 준비 부족

박 사장은 매우 성실하게 일했고, 많은 돈을 모았습니다. 노후에 여유 있게 살 수 있을 것으로 생각했기 때문에 다른 진로를 준비하지 않았습니다. 사업을 정리하고 투자한 직후 몇 년간은 금전적으로도, 시간적으로도 여유가 있었지만, 박 사장은 그 시간 동안 취미와 모임 활동을 즐겼습니다. 미래에는 상황이 어떻게 바뀔지 아무도 알 수 없으며, 어떤 변화가 와도 적응할 수 있도록 최소한의 준비는 해야 한다는 것을 생각하지 않았습니다. 자격증이 없고 연령대 높은 박 사장이 갈 수 있는 일자리는 한정되었습니다.

하지만 박 사장은 한정된 일자리 속에서도 열심히 기회를 찾고 있습니다. 그 기회가 박 사장에게 만족스럽지 못한 것이더라도 포기하지 않고 있습니다. '실패 ≒ 종결'이 아닌, 실패로 인해 좌절했어도 새로운 시도를 포기하지 않는 탄력성을 몸소 보여주고 있는 것입니다. 이런 탄력성은 중장년기 진로 재탐색을 위한 주요 요인으로 꼽힙니다. 비록 박 사장 스스로는 현재의 상황에 만족하지 않기 때문에 이번 장의 사례로 분류하게 되었으나, 그의 역량과 태도를 볼 때, 언젠가는 만족하는 사례로 분류할 수 있을 것이라고 생각됩니다.

5. 쉽게 할 수 있을 줄 알았는데

다섯 번째 사례자인 장 부장(가명)은 본인의 일이 힘든 것은 알았지만, 다른 직업은 더 힘들 수 있다는 것을 생각하지 못한 사람이었습니다. 또한 지인의 말만 듣고, 공신도 있는 정보를 탐색해 볼 생각은 하지 않은 탓에 적합하지 않은 진로를 선택하고, 헤매다가 결국 포기하게 되었습니다.

① **사례자**

장 부장(가명), 50대

② **사례자의 배경**

- 사측의 압박으로 퇴사 결정
- 가정 경제 수준: 새로운 일자리를 찾더라도 현재보다 생활 수준을 낮춰야 하는 상황
- 가족 지원 필요 여부: 자녀 부양 필요, 배우자는 맞벌이 중
- 평소 관심사: 창업, 그 외에는 잘 모름

장 부장은 오랫동안 한 직장에서 일해왔습니다. 하지만 높은 자리까지 승진하지 못하면서 서서히 퇴사 압박이 들어오기 시작했습니다. 밑에서부터 치고 올라오는 후배들을 위해 자리를 내주라는 압력이었습니다. 장 부장은 평생을 충성해 온 회사에 배신감을 느꼈지만, 회사와 개인의 힘의 격차는 컸습니다.

③ **사례자의 선택**

유품 정리사

장 부장은 회사의 압박이 더 심해지기 전, 다음 일을 찾아야겠다

고 생각했습니다. 적지 않은 월급을 받아왔으나 자녀 교육비로 나가는 비용이 컸고, 최근에야 겨우 집 대출이 끝났기 때문에 자금이 넉넉하진 않았습니다.

장 부장은 많지 않은 자본으로도 괜찮은 수익을 거둘 수 있는 사업 아이템을 찾아보기 시작했습니다. 그때 유품 정리업에 대해서 알게 됐습니다. 장 부장에게 유품 정리업을 권한 지인은 평소에는 일반 청소업체로 일하면서, 의뢰가 들어올 때면 유품 정리를 하면 된다고 했습니다. 청소기 같은 장비로 쓱쓱 밀면서 금방 하더라, 그러면서 비용은 이만큼이나 받더라며 유품 정리업을 쉽게 일하고, 많은 수익을 거둘 수 있는 일처럼 설명했습니다. 귀가 솔깃해진 장 부장은 유품 정리업을 시작해보기로 했습니다.

④ 선택 이후의 변화

무모한 시도였음을 자각, 진로 포기

평생 회사에서 지시받은 일만 해 온 장 부장에게 본인의 사업을 시작하는 것은 결코 쉬운 일이 아니었습니다. 사업자등록은 어떻게 해야 하는 건지, 직원 모집은 어떻게 해야 하는 건지, 홍보는 어떻게 하고, 의뢰는 어떻게 받아야 하는 건지 처음부터 다시 배워야 했습니다. 함께 일할 사람을 찾는다는 글을 여기저기 올려보기도 했습니다. 하지만 동업자를 찾아야 하는지 직원을 찾아야 하는지도 스스로 결정하지 못한 채였습니다. 게다가 장 부장 본인부터 유품 정리 경력이 없었습니다.

정보도 없는 채 맨땅에 헤딩하던 장 부장은 무작정 현직 유품정리업체를 찾아갔습니다. 그리고 본인이 생각했던 것과 현실이 매우 다르다는 것을 깨닫게 됐습니다.

현직자도 아닌, 유품 정리 의뢰만 해본 지인에게 들은 말만 믿고 시작하려고 했기 때문에 유품 정리업이 상당한 신체적 능력을 요구하며, 위험할 수도 있는 일이라는 것을 미처 몰랐습니다. 무거운 물건을 들어올려야 할 때도 많고, 고인께서 전염성 질환으로 돌아가셨거나 시신이 오랫동안 방치되었다면 감염 위험이 있다는 것을 몰랐습니다.

민간자격이지만 유품 정리사 자격이 있다는 것도 몰랐습니다. 유품 정리업에 자격증이 필수는 아니지만, 장 부장처럼 막 시작해 보려는 입장에서는 그런 자격이 출발점이 될 수 있다는 걸 생각하지 못했습니다. 홍보할 때도 자격이 있다는 말 하나가 고객에게 더 신뢰를 줄 수 있을 거라는 것도 말입니다.

유품 정리를 의뢰할 정도면, 현장의 상황은 썩 좋지 않은 경우가 많다는 것도 뒤늦게 알게 됐습니다. 장판에 고인의 신체 조직이나 체액이 번져서 장판 전체를 들어내야 하고, 벽지에 냄새가 배어 벽지를 모두 뜯어내야 할 수도 있었습니다. 집안에 들끓는 벌레도 처리해야 하고, 살균소독도 모두 꼼꼼하게 해야 했습니다. 일반 청소와는 전혀 다른 수준의 업무였던 것입니다.

도저히 감당할 수 없다는 생각이 들면서 장 부장은 유품 정리사라는 진로를 포기했습니다. 곧 퇴사해야 하는 상황에 시간을 허비하고, 많진 않으나 자금도 낭비한 것을 무척 후회하기도 했습니다.

⑤ 사례자의 약점

타인에 대한 지나친 신뢰, 사전 정보 탐색 및 준비 부족, 타 직종에 대한 이해 부족

장 부장에게 유품 정리를 권한 지인은 현직에 있는 사람이 아니었습니다. 본인의 부모님이 사망하신 후에 유품 정리를 의뢰해 본 경험만 있을 뿐이었습니다. 그런 지인의 말을 장 부장은 의심 없이 믿고, 쉽게 할 수 있는 일이라고 착각했습니다.

장 부장은 회사 일만 하느라 다른 일에 대해서는 전혀 알아볼 생각도 하지 않았던 자신을 반성했습니다. 세상에 쉬운 일은 없다는 말을 알면서도 지금껏 본인이 해 온 일보다 더 힘든 일이 있겠는가 하고 생각해 왔다고 합니다. 그 생각이 착각이었음을 이번 경험을 통해 깨달은 것입니다.

문제를 깨달은 사람은 변화하기 마련입니다. 본인의 약점과 한계를 스스로 깨달은 만큼, 장 부장에게도 변화가 있을 것으로 기대됩니다. 그런 변화가 장 부장에게 만족스러운 새 진로를 열어주길 기대해 봅니다.

6. 나이 들고 건강 잃은 나는 쓸모없나

신 팀장(가명)은 1번 사례의 아베 차장과 유사한 경험을 한 사람입니다. 회사의 권유로 퇴사해야 했던 것입니다. 다만 아베 차장보다 좀 더 심각하고 괴로운 상황을 겪은 것으로 보입니다.

“

① 사례자

신 팀장(가명), 50대

② 사례자의 배경

- 몸 바쳐서 회사를 위해 일하다가 건강이 악화하자 사측의 권고로 명예퇴직
- 가정 경제 수준: 새로운 일자리를 찾더라도 현재보다 생활 수준을 낮춰야 하는 상황
- 가족 지원 필요 여부: 자녀 부양 필요, 배우자는 맞벌이 중
- 평소 관심사: 생각해 본 적 없음

”

신 팀장은 한때 회사 간부의 총애를 받으며 승승장구하던 사람이었습니다. 명문대를 졸업하자마자 면접에서부터 상사의 눈에 띄어 그 ‘라인’에 서게 됐습니다. 상사가 위로 올라갈수록 자신도 올라갈 수 있을 것이라는 생각으로 몸 바쳐서 충성했습니다.

일과 가정 중 일의 비중이 압도적으로 높았고, 가정생활은 거의 챙기지 못했습니다. 주말에도 상사나 고객과 함께 하는 골프 약속을 더 중요하게 생각했습니다. 해외 출장을 가면 가족의 선물보다

상사나 그 가족을 위한 선물을 더 많이 사 왔습니다. 가족들이 서운해해도 아빠가 회사에서 잘되어야 너희들도 잘되는 거라고만 생각하며 가족들을 돌아보지 않았습니다.

건강에 이상 신호가 생기기 시작했지만, 신 팀장은 병원 가는 시간도 아까워하며 일을 계속했습니다. 결국 회사에서 쓰러졌고, 수술과 장기적인 요양이 필요하다는 의사의 통보를 받았습니다. 신 팀장은 그래도 일을 더 중요하게 생각했습니다. 신 팀장은 수술 후에도 잠시만 쉰 뒤, 다시 일에 뛰어들었고 상사는 그런 신 팀장을 크게 칭찬했습니다.

하지만 건강의 악화는 결국 신 팀장의 업무능력에도 영향을 주기 시작했습니다. 전에는 결코 한 적 없던 실수를 했습니다. 다행히 큰 실수는 아니었고 신 팀장은 잘 대처할 수 있었습니다. 상사의 가족들 생일까지 하나하나 챙기던 신 팀장이었지만, 수술 후 날짜를 착각해서 미처 선물을 보내지 못했습니다. 이내 상사가 신 팀장을 보는 시선에 변화가 생겼다고 합니다.

신 팀장이 10여 년간 모든 일을 챙기고 실적과 성과를 몰아주며 상사를 떠받들어 왔습니다. 하지만 상사는 금세 다른 '대체품'[5]을 찾았습니다. 신 팀장은 업무에서 배제되었고, 점점 책상만 지키는 날이 늘었습니다. 상사는 더 이상 골프 모임에 신 팀장을 부르지 않았습니다.

회사에서 명예퇴직을 추진하자 상사는 신 팀장을 우선순위에 올렸습니다. 명목은 회사를 위해 열심히 일했으니 이제 건강을 우선

5) 신 팀장의 표현을 직접 활용한 것입니다.

하라는 것이었지만, 신 팀장이 받아들이기에는 더 이상 쓸모가 없어졌으니 나가라는 뜻이었습니다.

신 팀장은 명예퇴직 권고를 거절하기 위해 상사에게 면담을 요청했습니다. 그때 진행된 대화와 쳐다보는 상사의 눈빛은 신 팀장의 자존감을 바닥까지 깎아내렸다고 합니다. 신 팀장은 버틸수록 추해진다는 생각으로 명예퇴직을 받아들였습니다.

신 팀장은 처음부터 명예퇴직을 가족에게 말하지 못했습니다. 한동안은 감추는 것이 어렵지 않았습니다. 회사에 다닐 때처럼 새벽에 양복을 차려입고 집을 나섰고, 늦은 시간에 돌아왔습니다. 매월 월급이 들어와야 할 때는 퇴직금으로 받은 돈 중 일부를 월급 액수만큼 급여 통장에 옮겼습니다.

다른 일자리를 찾으려고 알아봤지만, 신 팀장은 자신이 할 수 있는 일이 생각보다도 훨씬 적다는 걸 깨달았습니다. 오랫동안 상사가 해야 할 일을 대신해 왔지만, 그런 일자리에 신입 직원을 찾는 회사는 없었습니다. 신입으로 입사하기에는 신 팀장의 나이가 너무 많았고 자존심도 허락하지 않았습니다.

신 팀장은 택배 일을 해볼지 고민해 봤지만, 몸이 많이 축난다는 말에 포기했습니다. 이미 회사에서 밀려날 만큼 건강이 악화한 상태였고, 허리 디스크도 앓고 있었습니다. 대리기사도 고민했지만, 취객에게 봉변당하는 일이 많다는 말을 듣고 역시 포기했습니다.

그 무렵 신 팀장은 고등학교 시절의 친구들과 술자리를 갖게 됐고, 몇몇 친구들이 기술직이나 농업에 종사하면서 안정적인 수익을 거두고 있는 것을 보게 됐습니다. 한 친구는 목수로 일하면서 코로나 때문에 일이 줄었다고 하면서도 수제 가구를 조금씩 제작해서 판매하고 있다고 했습니다. 다른 친구는 농부로 자녀와 함께 직접 재배한 농산물 온라인 판매를 하고 있다고 했습니다.

과거에는 자신보다 성적도 낮았던 친구들인데 지금은 자신과 비교도 할 수 없을 만큼 '잘나간다는' 것이 신 팀장의 자괴감을 키웠습니다. 친구들은 모두 자신이 회사에서 잘나간다고 알고 있는데, 차마 그들 앞에서 명예퇴직을 했다고 할 수가 없었습니다.

신 팀장은 처음으로 자신에게 객기라는 것이 있다는 걸 알게 되었다고 합니다. 퇴직금이 떨어질 것을 두려워하는 상황이면서도 호탕한 척 술값을 본인이 지불했고, 다음 날 술이 깬 뒤에는 후회했습니다. 자존심을 버리지 못하는 자신이 한심하게 느껴지다가도, 자신에게 남은 것은 자존심뿐이라는 생각이 들기도 했습니다.

신 팀장은 마지막 남은 자존심마저 잃는다면 더 이상 자신이 자신이 아니게 될 것이라고 생각했습니다. 자존심이 남아있는 동안 삶을 정리하고 싶다는 생각으로 자살을 생각했습니다. 신 팀장은 실제로 산에 올라갔고, 넥타이를 나무에 걸어 목을 맬 준비까지 했다고 합니다.

목을 매기 직전까지 간 상황에서 신 팀장은 자살하는 사람들의 마음을 이해할 수 있게 되었습니다. 신 팀장은 본인이 포기하고 상황 되는 대로 살 수 있는 성격이었다면 자살할 생각조차 들지 않았을 것이라고 했습니다. 잘 살고 싶었고, 제대로 살고 싶었고, 보란 듯이 살고 싶었던 마음이 무척 컸기 때문에 그럴 수 없는 현실이 무척 고통스럽게 느껴졌다고 했습니다. 더욱이 신 팀장은 본인이 바라던 위치 직전까지 올라가 봤기 때문에 더더욱 좌절감이 컸습니다.

앞에서 본 다른 사람들과 마찬가지로 신 팀장 역시 회사 일에만 모든 걸 던졌던 과거를 후회했습니다. 가족과 시간을 보내고, 취미생활을 만들고, 퇴사 후에 할 일을 생각해 보고 준비하고, 그 모든 것들을 미리부터 해야 했다며 후회했습니다. 상사를 열심히 밀어 올리면, 상사도 계속 앞에서 끌어줄 것이라고 착각했던 것을 후회했습니다.

“

③ 사례자의 선택

없음

”

저와 대화를 나눴을 시점의 신 팀장은 여전히 다른 진로를 찾지는 못한 상태였습니다. 신 팀장은 찾아보면 일이 없지는 않다는 걸 안다고 했습니다. 단순히 돈을 버는 것을 목적으로 무슨 일이든 하겠다고 생각하면, 분명 찾을 수 있을 거라고요. 다만 내려놔야 한다고 계속 다짐하면서도 쉽게 내려놓지 못하고 있다고 했습니다.

저는 현직에 있고 정년이 20여 년 남았으나, 장례지도사 과정을 공부하고 있는 제 얘기를 했습니다. 신 팀장은 ‘그런 일’을 한다고 남들이 이상하게 보게 될 것이 두렵지는 않으냐고 물었습니다. 그때는 제가 아직 현장실습을 해보기도 전, 이론교육을 받고 있을 때였기 때문에 저도 아직은 모르겠다, 하지만 마음이 가는 일이기 때문에 시작해보기로 했다고 답을 했습니다.

신 팀장은 본인도 생각을 달리 해보겠다고 했습니다. 직업에 귀천이 있다는 생각을 버려보겠다고 했습니다. 분명 수십 년간 지켜온 가치관을 바꾸는 것이 쉽지는 않을 것입니다. 하지만 바꿔볼 생각을 했다는 것부터가 첫 도약이 될 수도 있을 것으로 생각됩니다.

④ 사례자의 약점

직업에 대한 편견, 좁은 직업세계관, 미래의 진로 가능성을 탐색할 의지 부족

신 팀장은 원하는 진로를 찾지 못한 상태였습니다. 신 팀장이 스스로 생각할 수 있는 직업은 몇 가지 되지 않았고, 그나마도 건강상의 이유로 할 수 없거나 엄두를 낼 수 없는 일이었습니다. 직업에 귀천이 있다는 편견도 신 팀장의 선택을 한층 더 좁아지게 했습니다. 신 팀장 역시 앞의 사례자들처럼 자격증이나 기술을 배운 적이 없었습니다. 오래도록 한 회사에서 일하며 회사 일에 모든 것을 바쳤기 때문에, 그런 회사로부터 배신당했다는 아픔 때문에 신 팀장은 다른 진로를 탐색해 볼 생각조차 하지 못했습니다.

신 팀장이 젊었을 때 그런 일을 겪었다면 회복이라도 빨랐을 것입니다. 하지만 50대에 건강마저 악화된 상태에서는 쉽사리 의욕을 되찾을 수 없었습니다. 열정을 다한 회사 밖으로 내몰리면 자존감이 급격히 훼손되기 마련입니다. 명예퇴직을 추진하는 회사는 직원

들이 그런 고통을 겪지 않도록, 정서적인 탄력성을 회복하도록 도와주는 역할을 해야 마땅할 것입니다. 하지만 여러 회사가 그런 역할을 방기하고 있습니다. 신 팀장과 같은 고통을 겪는 명예퇴직자를 우리 주변에서 찾아보는 건 어렵지 않습니다.

7. 상사 위해 누명도 썼는데

한 과장(가명)은 최악의 형태로 첫 직장에서 퇴사하게 된 사람이었습니다. 한 과장은 상사의 강요로 인해 상사가 저지른 잘못을 대신 뒤집어써야 했습니다. 대신 책임을 지면 이후부터는 잘 이끌어주겠다는 상사의 약속은 말뿐이었습니다. 곧 퇴사하라는 압력을 받게 되었습니다. 회사와 상사가 직원과 후임에게 했던 약속을 지키지 않는 일은 안타깝게도 우리 사회에서 꽤 흔한 편입니다. 한 과장은 그중에서도 특히 마음 아픈 일을 겪은 것입니다.

① 사례자

한 과장(가명), 40대

② 사례자의 배경

- 상사가 잘못한 일을 대신 뒤집어쓴 상황, 뒤를 봐주겠다던 상사가 나 몰라라 하면서 퇴사 위기
- 가정 경제 수준: 새로운 일자리를 찾더라도 현재보다 생활 수준을 낮춰야 하는 상황
- 가족 지원 필요 여부: 자녀 부양 필요, 배우자는 맞벌이 중

• 평소 관심사: 골프, 그 외에는 생각해 본 적 없음

"

저와 대화했을 당시, 한 과장은 아직 퇴사한 상태는 아니었지만, 퇴사를 강요받는 중이었습니다. 한 과장이 퇴사 강요를 받게 된 데에는 상사의 실책을 대신 뒤집어쓰고 책임을 져야 했다는 뒷얘기가 있습니다. 상사의 그릇된 판단 때문에 사측의 이미지가 훼손되고 손실마저 발생할 상황이 되었습니다. 상사는 한 과장에게 그 책임을 대신 져주면 앞으로 한 과장이 승승장구하도록 본인이 이끌어 주겠다고 꼬드겼습니다.

한 과장은 상사의 말을 완전히 믿지는 않았습니다. 대신 책임을 뒤집어쓰면 당연히 징계받게 될 테고, 이후의 승진에서 밀리게 될 텐데 상사가 어떻게 뒤를 봐줄 수 있다는 것인지 의심할 수밖에 없었습니다.

한 과장이 바로 승낙하지 않자, 상사는 한 과장을 괴롭히기 시작했습니다. 한 과장이 작성한 작업물을 트집 잡고, 점심시간에 식사하고 돌아올 때조차 일은 안 하고 밖으로만 돌아다닌다며 나무랐습니다. 한 과장을 옆에 끼고 다니며 애지중지하는 것 같았던 상사가 태도를 바꾸자, 동료들도 한 과장을 멀리하기 시작했습니다. 상사는 근평에 불이익을 주겠다는 위협을 했으며, 정리해고 가능성을 언급하며 한 과장이 본인의 일자리에 불안감을 느끼게 만들기도 했습니다. 괴롭힘을 견디다 못한 한 과장이 상사의 요구에 따르겠다고 하자, 상사는 아주 잠시 예전처럼 한 과장을 아끼는 듯 행동했습니다. 하지만 한 과장이 징계받고 나자 다시 태도를 바꿨고, 한

과장이 이전부터 문제가 많은 직원이었던 것처럼 말하고 다니기 시작했습니다.

상사가 위협했던 것처럼 명예퇴직을 가장한 정리해고가 추진되었습니다. 상사는 한 과장을 대상자 명단에 올렸습니다. 한 과장은 상사에게 실적을 양보하며 충실하게 보필해 왔고, 상사의 실책을 대신 뒤집어쓰기까지 했으나 아무 소용도 없었던 것입니다. 한 과장은 이렇게 될 것을 어느 정도는 예상했다고 했습니다.

③ 사례자의 선택

없음

한 과장은 퇴사해야 한다는 걸 안다고 했습니다. 한 과장이 퇴사하지 않고 버티려고 해도 명예퇴직 명단에 오른 이상은 회사가 어떻게든 내보내려고 할 것이라고 했습니다. 하지만 회사를 나간 뒤에 어떤 일을 해야 할지 전혀 생각할 수가 없다고 했습니다. 징계를 받은 전적이 있으니 같은 분야의 다른 회사에 취직하는 것은 불가능할 것이라며 좌절하는 모습을 보이기도 했습니다.

④ 사례자의 약점

문제 회피, 걱정은 많으나 해결하고자 하는 의지 및 행동력 부족

한 과장은 본인 앞에 닥친 상황을 잘 이해하고 있었으나 좌절과 걱정이 앞섰으며, 상황을 해결하려는 의지는 부족했습니다. 다른 직업을 생각해 본 적이 있느냐는 질문에도 소문이 다 퍼질 텐데 다른 회사에 취직하는 것은 불가능하다고만 답했습니다. 진로를 변경해야 하는 상황이 왔지만, 여전히 계속 일해왔던 분야 외의 다른 영역은 고려하지 못했던 것입니다. 20년 가까이 회사 일을 최우선으로 해 왔고, 회사 밖의 삶을 생각해 본 적이 없었다는 점이 이후의 진로 설계에 장애 요인이 된 사례였습니다. 바로 앞에서 본 신 팀장의 사례와 유사성이 높습니다.

8. 나 정도면 모셔갈 줄 알았다

민 전문가(가명)는 오랫동안 전문가로서 대우받아 왔습니다. 평소에 받는 좋은 대우가 모두 본인 개인의 능력이라고 착각했습니다. 소속된 곳의 이름값이 있다는 것을 생각하지 못하고 섣부른 결정을 내리고 말았습니다.

① 사례자

민 전문가(가명), 50대

② 사례자의 배경

- 술자리에서 임원으로 모셔가겠다는 지인의 말을 믿고 퇴사 결정
- 가정 경제 수준: 새로운 일자리를 찾지 않아도 현재보다 생활 수준을 약간 낮춘다면 유지 가능
- 가족 지원 필요 여부: 자녀 부양 필요, 외벌이 중

• 평소 관심사: 본인의 전문 분야

민 전문가는 오랫동안 자신의 전문 분야에서 일해왔습니다. 전문가로서 의견을 요청하는 자리에 초대받았고, 외부의 큰 행사에서 주요 손님으로 대접받기도 했습니다. 회사에서 받는 연봉도 높은 편이었지만, 부수적인 수입도 많았습니다.

민 전문가는 자주 본인을 전문가로 불러주는 지인과 함께 술자리를 가졌고, 지인으로부터 민 전문가라면 기꺼이 회사의 임원으로 모셔가겠다는 말을 들었습니다. 처음 그 말을 들었을 때는 민 전문가도 농담으로 받아들였지만, 지인은 민 전문가와 술자리를 가질 때마다 같은 말을 반복했습니다. 그러자 민 전문가도 지인의 말이 진담이라고 받아들였고 나름의 고민을 했습니다. 그렇게 내린 결론이 현재의 위치보다는 중소기업의 임원이 되는 것이 낫다는 것이었습니다.

③ 사례자의 선택

중소기업의 임원

민 전문가는 지인이 권하는 기업의 임원으로 가기로 결정하고, 회사에 퇴사 의사를 알렸습니다. 잠시 휴식이 필요하다는 생각에 남은 휴가를 털어 몇 주간 여행을 다녀오기도 했습니다.

④ **선택 이후의 변화**

지인의 발뺌, 실업

여행에서 복귀한 민 전문가는 지인에게 연락했습니다. 전에 얘기했던 임원 자리가 유효하냐고 묻고, 곧 퇴사 예정임을 밝혔습니다. 하지만 민 전문가의 기대와는 달리 지인은 반색하지 않았습니다. 확실한 답을 주지 않고, 자꾸 말을 돌렸습니다. 모셔가겠다던 지인의 말은 술자리의 농담일 뿐이었습니다. 퇴사 후, 민 전문가가 외부 회의에 불려 가던 횟수도 줄었습니다. 작은 행사는 가끔 초대받았지만, 대형 행사에 초대받는 일은 극히 드물었습니다.

⑤ **사례자의 약점**

지인의 빈말에 대한 신뢰, 퇴사 전 정보 미탐색, 퇴사한 회사의 이름값에 대한 과소평가, 다른 분야로 영역을 넓힐 의지 부족

민 전문가는 오랫동안 사회생활을 해 왔음에도 불구하고, 지인이 술자리에서 하는 빈말을 믿는 실수를 범했습니다. 지인이 반복적으로 같은 말을 했기 때문에 처음에는 농담으로 생각하던 민 전문가도 진심으로 생각하게 되긴 했습니다. 다만 그 말을 매번 술자리에서, 술을 꽤 마신 상황에 했다는 것을 고려할 필요가 있었습니다.

사직서를 제출하기 전에 지인 소속 기업의 상황에 대해서 알아볼 필요도 있었습니다. 민 전문가는 자주 그 기업에 전문가로서 자문하러 갔고, 여러 사람과 안면이 있었습니다. 이사진에 공석이 날 예정인지, 이사로 모셔가겠다는 말을 실행으로 옮길 수 있을 만큼 지인의 영향력이 있는지 등을 미리 확인해 볼 수 있었습니다.

이사 자리가 진담이 아님을 알게 된 후에도 민 전문가는 부수입으로 벌어들이던 돈이 있으니 큰 문제는 없으리라 생각했습니다. 하지만 본인이 전문가로서 초대받게 된 데에는 회사의 이름값도 있다는 것을 미처 깨닫지 못했습니다. 퇴직 이후 회의 자리에 불려가는 일도 눈에 띄게 줄었고, 과거 연봉과 비슷한 수준이던 그의 부수입은 크게 감소했습니다.

민 전문가는 경제적으로는 어려움을 느끼지 않을 만큼의 자산을 축적한 상태였습니다. 하지만 스스로 자부심을 가졌던 본인의 전문성이 생각처럼 인정받지 못한다는 생각을 하게 되어 한동안 자괴감에도 빠졌다고 합니다.

현재 민 전문가는 본인이 활동했던 분야의 일자리에 계속 지원서를 넣고 있으나 취업에 어려움을 겪고 있습니다. 다른 분야를 생각해 본 적은 없는지 물어봤지만, 본인의 학력과 경력을 내려놓고 다른 분야의 일자리를 찾고 싶은 마음은 없다고 했습니다. 민 전문가 정도의 전문성을 쌓은 사람이 그런 생각을 하는 것은 당연할지도 모릅니다. 하지만 기회가 좀처럼 열리지 않는다면, 본인이 갖춘 역량을 활용할 수 있는 다른 분야를 찾아보는 것도 방법이 될 수 있을 것입니다.

9. 차라리 아무것도 안 했어야 했다

다음 사례 속 주인공인 강 공무원(가명)은 지방에서 공무원으로 근무하다가 정년퇴임을 했습니다. 상당히 높은 직급으로 퇴임했고, 지역 유지 가문 출신이라 본인 소유의 부동산도 많았습니다. 퇴임 후에도 전혀 경제적인 걱정을 할 필요가 없었습니다. 하지만 오히려 그 점이 문제였습니다.

① 사례자

강 공무원(가명), 60대

② 사례자의 배경

- 퇴직 후의 넉넉한 연금, 하지만 소유한 부동산이 많아 재산세가 과하게 느껴지고 있었음
- 가정 경제 수준: 퇴직 후 새로운 일자리를 찾지 않았어도 개인 자산으로 충분히 유지 가능
- 가족 지원 필요 여부: 자녀 독립, 배우자 부양 필요
- 평소 관심사: 골프, 클레이 사격

강 공무원은 상당히 높은 직급으로 퇴임한 지방 공무원이었습니다. 연금 액수가 결코 적지 않았고, 지역 유지 집안 출신이었기 때문에 소유한 부동산도 많았습니다. 다만 부동산 대부분이 땅이었고, 매월 내야 하는 지역 의료보험이나 매년 한두 번 내는 재산세가 다소 부담스럽게 느껴질 때도 있긴 했습니다. 또한 정년 이전에

비해 오히려 생활비 지출도 늘었기 때문에, 충분한 수익이 나는 투자처를 찾아야겠다고 생각했습니다.

③ 사례자의 선택

해외 사업체 투자

강 공무원은 먼저 국내 투자처부터 알아봤습니다. 대출을 받거나 부동산을 매매할 생각은 없었고, 당장 보유한 현금 안에서 투자해도 수익이 나쁘지 않은 곳을 희망했습니다. 하지만 너무 위험성이 높은 곳에 투자하기는 꺼려졌고, 안전성이 있는 수익처는 수익률이 낮았습니다. 배우자가 몇몇 투자처를 추천했으나, 강 공무원은 듣지 않았습니다.

그러다 강 공무원의 지인이 새로운 투자처를 권했습니다. 해외의 사업체에 투자하고 수익금을 분배받으라는 것이었습니다. 설비는 이미 갖춰져 있으며, 자원이 풍부하고 인건비도 저렴한 곳이라 많지 않은 금액을 투자해도 제법 괜찮게 수익이 나올 것이라고 했습니다. 강 공무원은 투자하기 전에 직접 현지를 방문했고, 공장 내부를 확인했습니다. 실제로 물품을 생산하고 있다는 것을 확인했고, 심지어 외국 기업에 납품 계약을 맺은 서류까지 실물로 봤다고 합니다. 그 정도면 믿을 수 있다고 생각했습니다.

④ 선택 이후의 변화

현지 문화를 이해하지 못했던 투자의 실패

강 공무원은 보유했던 현금 대부분을 사업체에 투자했고, 초기 수익률은 안심할 만큼 괜찮은 편이었습니다. 사업체 경영이 안정적이라고 생각한 강 공무원은 부동산을 담보로 대출을 받아 추가로 투자했습니다. 이후로도 좋은 수익률은 한동안 유지됐습니다. 강 공무원은 몇 차례 현지 사업장을 방문했고, 그때마다 융숭한 접대를 받았습니다. 그런 점이 투자 의지를 한층 더 고취시켰을 수도 있습니다.

하지만 문제가 생기기 시작했습니다. 공장이 위치한 국가의 문화적 특성 때문이었습니다. 현지인들은 꾸준히, 오랫동안 일해서 장기적으로 목돈을 모으는 계획을 하지 않는 사람들이었습니다. 뭔가 갖고 싶은 것, 하고 싶은 것이 있다면, 그 돈을 모을 때까지만 일하고 퇴사했습니다. 몇 달간 일을 배운 직원은 퇴사하고, 새로운 직원이 들어와 처음부터 다시 가르쳐야 하는 상황이 반복되면서 사업체의 생산성은 기대했던 것처럼 향상되질 않았습니다. 불량품 비율이 높은 수준으로 유지되면서 소모되는 비용도 적지 않았습니다.

강 공무원의 투자를 받으면서 사장이 사업 확장을 시도했던 듯하나 뜻대로 되지 않았고, 결국 사업 실패로 이어졌습니다. 강 공무원은 빚을 떠안게 되었습니다.

⑤ 사례자의 약점

지인에 대한 과도한 신뢰, 투자 대상에 대한 정보 탐색 부족

강 공무원은 배우자가 추천한 투자처에 대해서는 크게 신뢰하지 않았습니다. 반면, 지인이 추천한 투자처는 직접 현지에 가서 확인할 의지를 보일 만큼의 신뢰를 보였습니다. 사업장을 직접 살펴보고, 계약 서류까지 확인할 정도로 나름 사전 검토를 하긴 했습니다. 하지만 우리나라와 전혀 다른 문화권의 사업장은 그것만으로 충분하지 않았다는 점을 미처 생각하지 못했습니다. 외국인과 한국인은 같지 않습니다. 물론 최근에는 한국인 근로자들의 일에 대한 가치관이나 태도도 변화하고 있지만, 외국의 근로자들은 기본 전제가 아예 다를 수 있습니다. 강 공무원이 투자한 곳의 현지인들은 당장 필요한 돈만 생기면 한두 달만 일하고도 쉽게 일을 그만두었습니다. 소수만 그런 것이 아니라 그 나라의 문화가 그러했습니다. 현지의 문화를 미처 생각하지 못했기 때문에 투자한 강 공무원도 투자 실패를 하게 됐고, 사업체를 운영하던 사장 본인도 경영 실패를 겪게 된 것입니다.

저와 소통한 시점에서 강 공무원은 본인의 실패를 무척 자책하고 있었습니다. 하지만 동시에 이 경험이 본인에게 큰 깨달음을 주기도 했다고 합니다. 본인의 생각과 결정이 항상 옳다고 생각했고, 실패도 겪어본 적 없는 삶을 살아왔는데 지금까지 운이 무척 좋은 것이었음을 깨달은 것입니다. 강 공무원은 형편이 좋지 않은 사람들, 사회적으로 높은 위치에 있지 않은 사람들은 노력하지 않아서라고 생각해 왔습니다. 하지만 재력이나 높은 직급같은 성공의 상징이 얼마나 순식간에 사라질 수 있는지 깨달으면서 그들을 보는 시각도 달라졌다고 합니다. 또한 평생 배우자를 자신보다 낮은 존재로만 생각하고, 배우자의 조언을 듣지 않은 것도 후회하고 있다고 합니다.

다행히 강 공무원은 자산이 넉넉했었고 연금도 있기 때문에 노후를 걱정할 필요는 없습니다. 강 공무원 스스로가 지금의 자책에서 벗어나고, 새로운 일을 시작해 볼 의욕을 되찾는다면 충분히 성공사례가 될 수 있을 것이라고 생각합니다.

10. 내가 이렇게 무능력한 줄 몰랐어

문 사장(가명)은 배우자와 함께 평생 자영업자로 일해왔습니다. 사업체 경영은 배우자가 주도했고, 문 사장은 지원하는 방식이었습니다. 두 사람은 자녀를 결혼시킨 뒤에 사업체를 정리했고, 여유로운 노후를 즐길 계획을 세웠습니다.

① 사례자

문 사장(가명), 60대

② 사례자의 배경

- 사업체 정리 후의 넉넉한 현금 보유, 편안하고 여유로운 노후를 위한 계획을 세우던 상황

- 가정 경제 수준: 새로운 일자리를 찾지 않아도 생활 수준을 약간만 낮추면 유지 가능했던 상황
- 가족 지원 필요 여부: 자녀 독립, 부양해야 할 가족 없음
- 평소 관심사: 배우자와 함께 즐기던 다양한 취미·여가 활동

노후를 여유롭게 즐기길 바란 문 사장과 배우자의 계획을 들은 지인은 동남아를 추천했습니다. 물가가 저렴하고, 인건비도 낮으니, 한국의 기본적인 생활비만으로도 가사도우미를 여럿 두고 왕처럼 살 수 있다는 것이었습니다. 문 사장의 배우자는 직접 동남아 이주에 대해서 알아봤고, 여러 투자 전문가로부터 동남아 투자와 이주를 권고받았습니다.

③ 사례자의 선택

동남아 투자이민

지인의 추천과 투자 전문가의 조언을 받고 문 사장과 배우자가 선택한 국가는 투자이민이 무척 쉬운 곳이었습니다. 일정 금액 이상의 부동산을 취득하거나, 같은 금액을 은행 계좌나 채권에 투자하면 무난하게 거주비자를 받을 수 있었습니다. 다만 매년 비자 만기일 2주 안에 이민국을 방문하여 비자를 연장하는 절차는 받아야 했습니다. 문 사장과 배우자는 여러 나라를 돌아다닐 계획이 없었

으므로 매년 방문하는 것은 큰 문제가 되지 않을 것이라고 생각했습니다. 부동산이나 채권에 투자하는 것이 불안했던 그들은 은행 계좌에 기준 금액만큼을 예치하는 방식으로 투자이민의 기준을 충족했습니다.

④ 선택 이후의 변화

예상치 못했던 배우자의 사망, 배우자 명의의 자산을 압수하려는 이민 국가의 정부

문 사장과 배우자는 생각보다 선택한 동남아 국가에 잘 적응했습니다. 특히 영어 소통을 어느 정도 할 줄 알았던 배우자는 현지인 친구를 여럿 사귀었고, 현지어를 배우려는 노력도 게을리하지 않았습니다. 문 사장도 남편의 친구와 그들의 배우자들과 함께 어울렸습니다. 그들이 국내에 있을 때보다 동남아로 이주한 이후, 자녀들의 방문도 오히려 더 빈번해졌다고 합니다. 문 사장과 배우자는 한국에 있었다면 할 수 없었을 다양한 스포츠도 함께 즐겼습니다. 하지만 그렇게 즐기던 스포츠가 배우자의 생명을 빼앗아 갈 줄은 상상도 하지 못했습니다.

배우자는 문 사장과 함께 한참 스포츠를 즐기던 중 사고를 당했습니다. 급히 병원으로 이송되었으나 며칠 버티지 못하고 결국 사망했습니다. 배우자가 위험성 있는 스포츠를 하다가 사망했다는 이유로 보험도 적용받지 못했습니다. 배우자의 갑작스러운 죽음으로

인한 충격에 더해 장례식을 치르느라 정신이 없었던 사이에 비자 연장 시기도 놓쳤습니다.

문 사장은 이민 국가에서 거주하던 집을 정리하고, 계좌에 있던 자산을 환수하기 위해 관광비자로 입국했습니다. 하지만 계좌는 동결된 상태였습니다. 계좌는 배우자의 이름으로 되어 있었고, 해당 국가의 정부는 그 자산을 압수하려 하고 있었습니다. 문 사장에게는 배우자의 사망에 이어 거듭된 충격이었습니다.

천만다행으로 문 사장의 배우자와 우정을 쌓았던 현지인 친구들이 문 사장의 상황을 알고 도움을 주었습니다. 소유자가 사망하자마자 자산에 눈독을 들이는 정부에 항의했고, 믿을 수 있는 현지인 전문가도 소개해 주었습니다. 다행히 문제가 일부 해결되긴 했으나, 적지 않은 손실이 있었습니다.

⑤ 사례자의 약점

배우자에 대한 높은 의존도, 스스로 하고자 하는 의지의 부족

문 사장은 사업을 경영하는 중에도 배우자에 대한 의존도가 매우 높았던 것으로 보입니다. 동남아로 투자이민을 준비할 때도 관련 정보를 알아보고 서류를 준비한 것은 배우자였습니다. 계좌도 배우자의 이름으로 열었고, 현지의 집도 모두 배우자의 이름으로 계약되어 있었습니다. 적극적으로 현지인과 친분을 쌓고 좋은 관계를 유지한 것도 배우자였습니다. 전혀 예상치 못했던 배우자의 사망

앞에서 문 사장은 스스로 해결할 수 있는 것이 별로 없었습니다.

배우자가 현지인과 친하게 지내왔던 덕분에 도움을 얻었으나, 동남아에서 발생한 일은 문 사장에게 여러모로 충격을 주었습니다. 이미 60대를 넘은 나이에 그런 큰일을 겪으면서 문 사장은 무척 위축되었습니다. 왜 진작 배우자가 하던 일을 스스로 해볼 생각을 하지 않았는지, 배우자 없이도 살 방법을 찾아야 한다고 생각하지 못했는지 자책하고 있었습니다. 자책이 끝난 후에는 자립적이고, 주도적으로 변화해 가는 문 사장의 도약을 기대해 보겠습니다.

11. 공부, 공부, 그리고 창업

강 박사(가명)는 40대가 될 때까지 계속 공부만 한 사람이었습니다. 그만큼 깊이 공부를 했지만, 그가 공부한 내용은 현실 세계에서는 크게 쓸모가 없었다고 합니다. 마흔이 넘은 나이에 시작한 사업에 실패했고, 그 실패는 그의 인생에서 처음으로 겪은 쓴맛이었습니다. 그 한 번의 실패에서 강 박사는 헤어 나오지 못하고 있습니다.

① 사례자

강 박사(가명), 40대 후반

② 사례자의 배경

- 지역 유지 부모에게서 태어나 40 초반까지 계속 해외 유학
- 가정 경제 수준: 부모에게서 물려받은 재산으로 생계를 걱정할 필요가 없는 상황

- 가족 지원 필요 여부: 부모님이 생활비를 주고 있어 걱정할 필요가 없는 상황
- 평소 관심사: 없음

강 박사는 지역 유지 부모에게서 태어나 평생 돈 걱정을 해 본 적 없는 채로 살아왔습니다. 강 박사의 어린 시절, 그의 부모는 자영업을 하고 있었는데 어떤 품목에 손을 대든 그야말로 '대박'이 났습니다. 풍족한 환경에서 자란 강 박사는 부모의 의지에 따라 해외로 유학을 갔습니다. 그리고 여러 분야를 공부하게 됐습니다. 한 전공을 공부하다가 다른 전공에 흥미가 생기면 전과했고, 또 전과했습니다. 부모님은 학위를 마치지 않고 계속 공부하는 그를 보면서도 전혀 말릴 생각을 하지 않았습니다. 하고 싶은 공부는 다 해라, 학비와 생활비는 다 지원해 주겠다는 것이 부모님이 항상 하던 말이었습니다. 부모의 지지에 힘입어 강 박사는 여러 전공과목 중 마침내 한 전공에서 학사 학위를 받았습니다. 그리고 그 분야의 석사를 시작했습니다. 이후 박사학위를 받기까지 20년이 조금 넘는 기간을 계속 공부했습니다.

③ 사례자의 선택

창업

강 박사가 귀국했을 때의 나이는 40대 초반이었습니다. 좀처럼 일자리를 찾을 수 없었습니다. 한 번도 일한 경험 없이 쭉 학위과정만 공부했고, 심지어 학사 학위는 여러 번 전과했던 것이 부정적으로 평가된 듯합니다. 생활비는 계속 부모님이 주고 계셨고, 물려받을 재산도 많기 때문에 가족들은 취업에 난항을 겪는 강 박사를 보면서도 별로 걱정을 하지 않았습니다. 강 박사 본인도 취업이 안 된다면 사업을 하는 게 낫겠다고 생각했습니다.

강 박사가 사업을 하고 싶다고 하자 부모님은 본인들이 소유한 가게 중 한 곳을 내어주시려고 했습니다. 이미 매출이 안정적으로 잘 나오는 곳이니 관리만 잘하면 된다고 하셨습니다. 하지만 강 박사는 부모의 가게를 물려받아 하는 것은 자존심이 상하는 일이라고 생각했습니다. 강 박사는 몇 달간 자신이 전공한 분야와 관련된 창업 계획을 세웠고, 부모님을 설득하여 사업자금을 지원받았습니다.

④ 선택 이후의 변화

준비되지 않았던 창업 실패

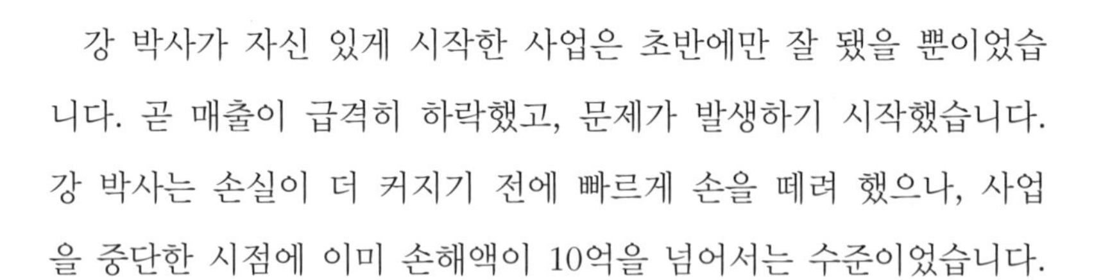

강 박사가 자신 있게 시작한 사업은 초반에만 잘 됐을 뿐이었습니다. 곧 매출이 급격히 하락했고, 문제가 발생하기 시작했습니다. 강 박사는 손실이 더 커지기 전에 빠르게 손을 떼려 했으나, 사업을 중단한 시점에 이미 손해액이 10억을 넘어서는 수준이었습니다.

강 박사에게는 처음 겪어보는 실패였습니다. 과거, 학사 학위를 하면서 전과를 했던 것은 성적보다는 본인의 흥미가 바뀌어서였기 때문에 실패로 볼 수 없었습니다. 시간이 좀 오래 걸리긴 했지만 석사와 박사학위도 결국 해냈습니다. 그런데 처음으로 도전해 본 창업에서 큰 실패를 거둔 것입니다. 강 박사는 좌절했습니다.

사업 실패 이후, 부모님의 지인이 강 박사에게 일자리를 제안했으나 강 박사는 거절했습니다. 박사학위까지 받은 자신이, 고작 부모님의 지인 밑에서 일할 수는 없다는 생각이었습니다.

⑤ 사례자의 약점

선택한 분야에 대한 정보 탐색 부족, 진로탄력성 부족

강 박사는 오랫동안 공부를 해 온 사람이었습니다. 그만큼 인내심도 있고, 성실한 성격인 것으로 짐작됩니다. 하지만 창업을 준비하면서 관련 분야의 최신 정보에 대해서는 미처 잘 알아보질 않은 것으로 보입니다. 오랫동안 공부한 사람은 기본적으로 최신 논문이나 전문성 있는 자료를 찾아보는 데는 능숙합니다. 하지만 최신 논문도 산업 동향에 비하면 이미 오래된 자료이기 마련입니다. 산업은 학문보다 훨씬 변화가 빠른 영역이니까요. 또한 학문적으로는 가능성이 높은 아이템이 상업적으로는 별로 가능성이 높지 않은 경우도 있습니다. 강 박사는 그 점을 구분하지 못했고, 결국 자신이 잘 아는 분야라고 생각했던 영역에서 사업에 실패했습니다.

40대는 얼마든지 새로운 시작을 해 볼 수 있는 나이입니다. 더군다나 강 박사는 여전히 풍족한 자산을 보유하고 얼마든지 강 박사가 하고자 하는 일을 지지해 줄 수 있는 부모님이 건재하셨습니다. 하지만 강 박사는 한 번의 실패로 크게 좌절했고 새로운 일은 시도조차 하지 않으려고 했습니다. 진로탄력성, 즉, 생애에 걸쳐 겪는 고난과 시련을 극복하고 도약의 발판으로 삼는 그런 힘이 부족했던 것입니다.

객관적으로 볼 때, 강 박사는 여전히 다양한 시도를 해볼 수 있는 조건을 보유했으나, 지금 당장은 본인이 의욕을 상실한 상태입니다. 하지만 20년을 꾸준히 공부할 수 있는 인내력과 성실성을 갖췄다는 것, 그 기간동안 축적된 지식이 있다는 것은 강 박사의 큰 강점입니다. 강 박사가 새로운 도전의 의지를 되찾게 된다면, 그에게 맞는 길이 열릴 수 있을 것으로 생각됩니다.

12. 세 번의 실패, 아직도 난 덜 배웠나

김 사장(가명)은 제가 지금까지 만난 사람 중에서 가장 두뇌 회전이 비상한 사람 중 하나였습니다. 함께 얘기를 해보면 발상이 남다르다는 것이 느껴질 정도였습니다. 40대인 김 사장은 그때까지 세 번의 큰 성공과 실패를 경험해 봤습니다. 남들보다 훨씬 큰 성공과 남들보다 훨씬 큰 실패를 반복해서 겪었습니다. 하지만 안타깝게도 여전히 실패의 원인을 답습하고 있었습니다.

① 사례자

김 사장(가명), 40대

② 사례자의 배경

- 좋은 창업 아이템을 발굴하여 큰돈을 벌었다가 망하길 세 번 반복
- 가정 경제 수준: 갚아야 할 빚이 억 단위인 상황
- 가족 지원 필요 여부: 배우자가 일하고 있으며, 자녀 지원 필요
- 평소 관심사: 창업, 돈

김 사장은 20대 때부터 사업을 시작했고, 남들이 생각하지 못했던 좋은 아이템을 생각해 낸 덕에 돈도 무척 많이 벌었던 사람이었습니다. 그는 당시의 상황을 회상하며 "내가 세상에 있는 돈을 다 벌 수 있을 것 같았다."라고 말했습니다. 젊은 나이에 큰 돈을 벌면서 그의 씀씀이도 커졌습니다. 거의 매달 최고급 차량을 렌트해서 몰았습니다. 사람들과 만나면 거침없이 돈을 썼습니다. 유명한 사람은 아니었지만, 연예인을 소개받아 만나기도 했습니다. 워낙 돈이 많았고, 잘 썼기 때문에 주변에 사람도 많았습니다. 김 사장은 그들 모두를 자신의 절친이라고 생각했습니다.

그렇게 일이 잘 풀리는 것 같았는데 동업자가 김 사장을 배신했습니다. 몰래 회삿돈을 빼돌려서 도망친 것입니다. 그 빚은 고스란히 김 사장이 떠안게 되었습니다. 갓 서른을 넘긴 나이에 김 사장은 큰 성공과 큰 실패를 모두 겪었습니다.

그래도 김 사장은 좌절하지 않았습니다. 닥치는 대로 일을 하며 빚을 조금씩 갚아나갔습니다. 워낙 빚 액수가 커서 이자만 겨우 갚는 정도였지만 그래도 김 사장은 포기하지 않았습니다. 몇 년만에 김 사장은 다른 사업 아이템을 발굴했고, 아이디어를 인정받아 지원금을 확보했습니다.

이번 사업도 초반에는 무척 성공적이었고, 김 사장은 금방 빚을 다 갚았습니다. 돈이 축적되면서 김 사장의 예전 소비 습관이 다시 나왔습니다. 유명 술집, 고급 차, 연예인 애인까지. 과거를 되찾은 기분에 김 사장은 과거보다 더 신나게 돈을 썼습니다. 그러다 또 동업자에게서 배신당했고, 빚더미에 앉게 됐습니다. 아직 40대가 되기 전이었습니다.

③ 사례자의 선택

또다시 새로운 창업

김 사장은 불굴의 의지를 가진 사람이었고, 남들이 생각하지 못한 기발한 창업 아이템을 찾아내는 소질을 갖고 있었습니다. 그 의지와 아이템으로 김 사장은 세 번째 창업을 시도했습니다.

④ 선택 이후의 변화

또 한 번의 성공, 또 한 번의 배신

김 사장의 도전은 성공했고, 빚을 갚았고, 돈을 벌었습니다. 하지만 이번에도 동업자로부터 배신당했습니다. 세 번의 실패 모두 김 사장이 동업자를 지나치게 믿은 탓에 발생한 것입니다.

제가 만났을 무렵, 김 사장은 급여가 높지 않은 일자리에서 일하고 있었습니다. 절대 파산 신청은 하지 않는다, 모든 빚은 꼭 갚겠다는 의지를 보여주었습니다. 김 사장의 의지와 책임 의식은 정말 존경스러웠습니다. 다만, 김 사장은 이때 또 다른 창업을 준비하고 있었습니다. 그 분의 네 번째 창업 시도가 어떻게 되었는지는 저도 알지 못합니다. 이후에 소식이 끊어졌기 때문입니다.

⑤ 사례자의 약점

실패 요인의 답습

김 사장은 객관적으로 볼 때, 성공할 수 있는 소질과 가능성을 무척 많이 가진 사람이었습니다. 기발한 사업 아이템을 발굴하는 눈이 있고, 그 아이템의 공급처와 수요처를 잘 찾아내어 연결할 줄 알았습니다. 하지만 매번 동업자를 지나치게 믿다가 배신당하길 반복했습니다. 동업자가 도망가면 이후의 빚을 고스란히 본인이 떠맡았습니다. 그런 상황을 여러 번 겪으면서도 여전히 동업자를 의심할 줄 몰랐습니다.

제가 만난 김 사장은 여러 번 사업을 했던 사람인데도 순수함이 느껴지는 사람이었습니다. 근본적으로 참 선량하구나 싶은 사람이기도 했습니다. 어쩌면 본인이 너무 선량하다 보니 타인이 악의를 품을 수 있다는 점을 생각하지 못했을지도 모릅니다. 김 사장이 실패하게 되는 패턴은 항상 같았습니다.

김 사장이 동료를 지나치게 믿거나 의지하지 말고, 직접 관련 사항을 챙기면서 사업을 추진한다면 실패를 답습하지 않을 수 있을 것입니다. 이미 능력도, 가능성도 넘치는 김 사장의 새로운 사업을 기대해 봅니다.

13. 주식, 펀드, 코인

민 과장(가명)은 40대 후반 무렵까지 성실하게 일했으나, 회사의 구조조정으로 일자리를 잃었습니다. 마침, 자녀가 입시를 준비하는 시기였기 때문에 민 과장은 재취업보다는 자녀를 뒷바라지 하는데 집중하기로 했습니다. 전업주부가 된 이후, 민 사장은 투사 정보에 관심을 갖기 시작했습니다. 본인의 월급만큼 수입이 줄었기 때문에 부족분을 채울 필요를 느낀 것입니다. 주로 자녀가 학교나 학원에 가 있는 시간에 투자 정보를 보기 시작했고, 관련 정보방에도 가입했습니다.

① 사례자

민 과장(가명), 40대 후반

② 사례자의 배경

- 40대 후반 무렵 회사의 구조조정으로 퇴사
- 가정 경제 수준: 배우자의 수입으로 생계 유지 가능하나 추가 수입이 아쉬운 상태
- 가족 지원 필요 여부: 곧 대학에 입학할 자녀 지원 필요
- 평소 관심사: 과거에는 없었으나 현재는 투자

민 과장은 중소기업에서 25년가량 일하다가 퇴직했습니다. 배우자의 수입이 있기 때문에 생계 고민은 없었지만, 자녀의 교육비가 부담되었습니다. 입시 준비 중일 때는 학원비 지출이 컸고, 대학에 입학하면 등록금을 마련해야 했습니다.

③ 사례자의 선택

주식, 펀드, 코인 투자

민 과장은 투자 정보를 보기 시작했습니다. 검색해 보니 관련 정보방도 많았고, 민 과장이 어딘가에 연락처를 남긴 것인지, 주식, 펀드 관련 정보를 제공해 주겠다며 연락도 많이 왔습니다. 민 과장은 자녀가 학교나 학원에 가서 자리를 비운 동안, 투자를 공부했습니다. 본인 나름으로 이 정도면 투자에 대해 이해하고 있다고 생각될 무렵, 본격적으로 자산 투자를 시작했습니다.

④ 선택 이후의 변화

초반에는 이익, 점차 손실

민 과장은 유명한 투자자가 쓴 책을 읽었고, 거기서 매일 일정 목표를 정해놓고 그만큼의 수익을 거두면 그날의 투자 활동을 중단하라는 내용을 인상 깊게 읽었다고 합니다. 수익의 기준을 정해둔다면, 그만큼 손실의 기준도 정해둬야 한다고 생각했습니다. 민 과장은 매일매일의 손익 기준을 지키면서 투자했고, 초반에 제법 괜찮은 수익을 거뒀습니다.

누적 수익이 천만 원을 넘던 날, 민 과장은 가족과 함께 고급 레스토랑에서 식사했고, 그들이 평소 갖고 싶어 하던 선물을 사줬습니다. 민 과장 본인도 예전보다 편하게 일하면서 괜찮은 수익을 낼 수 있는 것이 만족스러웠습니다. 회사에 다닐 만큼은 못 했지만, 투자 대비 수익률이 좋았다고 합니다.

잃는 날도 있었지만 수익을 내는 날이 더 많아지자, 민 과장은 점점 더 대범해졌습니다. 본인이 처음 세워뒀던 일일 손익 기준을 조금씩 넘기기 시작했습니다. 도박에 빠지는 사람이 항상 그렇듯, 민 과장도 조금만 더, 조금만 더 하면 손실을 메울 수 있을 거란 착각에 빠진 것입니다.

처음엔 주식과 펀드만 했지만, 어느새 코인에까지 손대기 시작했습니다. 자녀를 학교와 학원에 데려다 주고, 식사를 챙겨주면서도 머릿속은 주식, 펀드, 코인을 생각했습니다.

민 과장은 결국 수천만 원의 손실을 냈습니다. 저도 모르게 대출까지 신청해서 투자하려는 것을 보고 정신을 차렸다고 합니다. 민 과장의 손실액은 회사에서 일하며 모았던 돈의 대부분이었습니다. 집 대출과 생활비, 자녀 양육을 제하고, 남은 돈을 아끼고 아껴가며 모았었는데 그 돈을 잃은 것입니다.

⑤ 사례자의 약점

(일시적이지만) 자제력의 상실, 목적의 전도

민 과장은 투자로 돈을 벌면서 한동안 자제력을 잃었습니다. 국제적으로 유명한 투자자의 조언에 따라 일일 이익과 손실 기준까지 정해놓는 치밀함으로 투자를 진행했지만, 어느 순간부터 그 기준을 넘어서도 계속 투자에 몰두하기 시작했습니다. 도박 중독과 같은 투자 중독에 빠진 것입니다.

또한 전업주부가 된 민 과장의 주요 목적은 입시를 준비하는 자녀를 돌보는 것이었습니다. 하지만 투자에 빠지면서 자녀가 뒷전이 되고, 투자가 항상 머릿속을 떠나지 않는 상황이 이어졌습니다. 결국 본인이 모아뒀던 자금 대부분을 손실한 다음에야 투자 중독에서 벗어날 수 있었습니다.

⑥ 사례자의 강점

자제력과 현실 감각의 회복

다행스럽게도 민 과장은 완전히 투자 중독에 빠지진 않았습니다. 대출 신청 직전까지 갔으나, 그 시점에서 정신을 차리고 투자를 중단했습니다. 수천만 원을 잃긴 했지만 빚을 지진 않았습니다. 민 과장에게는 기본적으로 자제력이 뛰어나고, 현실을 파악하는 감각이 있었기 때문입니다.

투자나 도박으로 한순간에 큰돈을 버는 일을 몇 번 경험한 사람이 그 중독에서 벗어나오긴 쉽지 않습니다. 하지만 민 과장은 빠르게 회복했고, 더 이상의 손실이 생기지 않도록 막았습니다. 배우자 역시 빚지지 않았으면 되었다고, 인생 제대로 공부한 셈 치자고 했다고 합니다.

물론 민 과장이 큰돈을 잃었다는 충격에서 완전히 벗어난 것은 아닙니다. 그래도 그 손실을 메우기 위해 또 투자하겠다는 생각은 하지 않고 있습니다. 또한 다른 일을 알아보려고 하고 있습니다. 머지않은 미래에 민 과장의 사례가 성공 사례로 바뀌게 될 것이라 기대해 봅니다.

14. 사업은 폼 나게 해야지

곽 사장(가명)은 여러 직장을 옮겨 다니긴 했으나, 어디에서 일하건 무척 성실하고 열심히 일하는 우수 사원으로 인정받던 사람이었습니다. 하지만 배우자와 함께 자기 사업을 차리면서부터 점점 더 악순환의 길을 걸었습니다. 사업 실패 이후, 곽 사장은 개인파산 신청을 했으며, 이후 면책 신청을 준비하고 있습니다.

① 사례자

곽 사장(가명), 40대

② 사례자의 배경

- 지방의 평범한 집안 출신으로 고등학교 졸업 후 바로 취업
- 가정 경제 수준: 계속 본인과 배우자가 생활비를 벌어야 하는 상황
- 가족 지원 필요 여부: 다른 가족을 지원할 필요는 없음
- 평소 관심사: 노래

곽 사장은 고등학교를 졸업한 후 바로 취업했고, 회사에서 우수 사원으로 평가 받으며 일했습니다. 직장을 여러 번 옮겼지만, 가는 곳마다 우수 사원으로 대우받았습니다. 월급이 많진 않았지만, 곽 사장은 성실하게 돈을 모았습니다. 서른 후반 무렵, 연하의 배우자를 만나 결혼을 했고, 함께 돈을 더 모아서 사업을 준비하자는 계획을 세웠습니다. 곽 사장도, 배우자도 평생 남의 밑에서 일하고 싶

지는 않았기 때문입니다.

③ 사례자의 선택

창업

40대에 접어들면서 곽 사장은 회사를 그만뒀고, 배우자와 함께 핸드폰 판매점 사업을 시작했습니다. 줄곧 '~사원', '~씨'로 불리다가 '사장'으로 불리게 된 것이 무척 좋았다고 합니다. 배우자 역시 공동 사장이 된 것을 흐뭇해 했습니다.

④ 선택 이후의 변화

수입보다 지출이 많았던 결과로 사업 실패

곽 사장도, 배우자도 성실하게 가게를 운영했고 영업 매출도 비교적 잘 나오는 편이었습니다. 하지만 우후죽순으로 여기저기 핸드폰 매장이 생기면서 매출에도 영향을 받기 시작했습니다. 곽 사장의 배우자는 내 사업을 하면 여유가 생길 줄 알았는데, 심적으로는 더 여유가 없다는 것에 불만을 표하기 시작했습니다. 배우자는 그 보상 심리 때문인지 자꾸만 "사업은 폼 나 보이게 해야 돈이 들어온다."는 말을 반복했습니다. 렌트카를 바꾸러 갔을 때도, "사업하는 사람은 벤츠 정도는 타야 한다."고 말하곤 했습니다.

곽 사장도 가게 운영에 지쳐가던 때였으므로, 배우자의 말이 점점 귀에 담기기 시작했다고 합니다. 이렇게 힘들게 일하는데 그 정도 차는 몰아도 되는 것 아닌가 하는 생각이 든 것입니다. 곽 사장은 다음에 렌트카를 바꿀 때, 배우자가 원하는 대로 벤츠를 선택했습니다.

배우자는 한번 벤츠를 타 보더니 그다음에는 더 높은 등급의 차를 타고 싶어했다고 합니다. 차량을 시작으로 배우자의 씀씀이는 커졌고, 곽 사장은 배우자를 말리지 않았습니다. 배우자는 점점 더 매장에도 나오지 않고 밖으로 나돌게 되었고, 곽 사장 혼자서 가게를 지키는 날이 늘었습니다. 사업장 매출은 계속 줄었고, 곽 사장은 손익을 따지는 걸 포기하게 됐습니다.

곽 사장은 핸드폰 매장을 닫게 됐고, 감당할 수 없는 빚이 남겨졌습니다. 곽 사장은 파산 신청을 했으나, 배우자가 사채업체에서도 돈을 빌린 것을 알게 됐습니다. 곽 사장의 친정 가족들이 배우자와 이혼하라고 했고, 강제로 친정으로 데려가려 하기도 했습니다. 하지만 곽 사장은 실패한 모습으로 친정으로 돌아가는 것이 싫었다고 합니다.

파산 신청 이후, 본인 명의로는 카드도 만들 수 없었고, 핸드폰 개통도 어려웠습니다. 선불폰으로 겨우 믿을 수 있는 지인 몇 명에게만 연락하며 지냈습니다. 안타깝게도 배우자는 그런 상황에서 도움이 되지 않았습니다. 곽 사장은 생계를 유지하기 위해 고된 일도 가리지 않고 했으나, 배우자는 여전히 '남자는 남의 밑에서 일하는 거 아니다'라는 말을 할 뿐이었습니다. 곽 사장이 일용직으로 일하며 벌어오는 돈으로 겨우 부부가 생활하고 있었으나, 배우자는 그런 현실을 보지 않으려고 했습니다.

⑤ 사례자의 약점

문제를 회피하는 성향

곽 사장은 타인의 사업장에서 일하는 직원이었을 때는 성실하게 일을 잘했고, 지출을 절약하여 목돈을 모으기도 했습니다. 하지만 자영업자가 되어 본인의 매장을 운영하게 된 이후에는 힘든 일에 대한 보상 심리로 지출이 크게 늘었습니다. 수입은 줄고 지출은 늘어 감당할 수 없게 되자 문제를 회피하고 보지 않으려 했습니다. 결국, 빚이 감당할 수 없는 수준까지 늘어났을 때야 다시 현실을 보게 됐고, 파산 신청을 했습니다.

⑥ 사례자의 강점

강한 생활력, 성실함, 책임감

다만 곽 사장에게는 강한 생활력과 성실함이라는 강점이 있었습니다. 가정 경제가 파탄에 이르렀지만, 곽 사장은 생계유지를 위해

할 수 있는 일은 다 하는 모습을 보였습니다. 너무나 힘든 상황 앞에서는 잠시 문제를 회피하기도 했지만, 곽 사장은 기본적으로 책임감이 있는 사람이었기 때문입니다.

제가 마지막으로 만났을 때, 곽 사장은 면책 신청을 준비하고 있었습니다. 과소비나 사행성 활동으로 인한 개인 파산은 면책 신청이 되지 못하지만, 곽 사장의 파산은 기본적으로 사업 실패로 인한 것이었으므로 가능성이 있다고 보고 있었습니다. 곽 사장이 면책 신청을 했는지, 면책을 받았는지 이후의 결과는 알 수 없습니다. 부디 좋은 결과가 나왔기를 바랍니다.

퇴직 이후의 삶에 준비되지 않았던 사람들

위에서 본 사례는 퇴직 이후의 삶 또는 중장년기 첫 진로에 준비되지 않았던 사람들을 담고 있습니다. 이유는 각각 다릅니다. 평생을 한 가지 일만 해 왔기 때문에, 지인의 말을 섣불리 믿었기 때문에, 새로운 것을 혼자 스스로 해본 적이 없어서, 열심히 정보도 잘 알아보며 시도했지만 한순간에 욕심을 내려놓지 못해서.

그들 중 일부는 변화하는 환경에 적응해야 하는 시기가 오자 쉽게 적응하지 못했습니다. 과거의 성공을 잊지 못했고, 과거보다 사회경제적으로 내려와야 하는 상황을 받아들이기 어려워했습니다. 어쩌면 하나의 진로에서 승승장구한 것이 도리어 그들의 적응력을 떨어뜨리는 결과가 됐을지도 모르겠습니다. 잘 되어가고 있을 때는 굳이 그 길에서 벗어날 생각을 하지 않는 게 보통일테니까요.

실패를 극복하지 못하고 좌절하거나, 반복되는 실패로부터 배우지 못하는 사람도 있었습니다. 나이가 들수록 실패의 여파는 뼈아픕니다. 젊었을 때 실패하면 다시 도전해 볼 수 있는 기회가 많지만, 나이가 들수록 그런 기회가 없다는 생각이 실패를 더욱 두렵게 만듭니다. 그만큼 더 신중하게 시도해야겠지만, 동시에 고난을 겪었어도 회복할 수 있는 탄력성이 필요합니다.

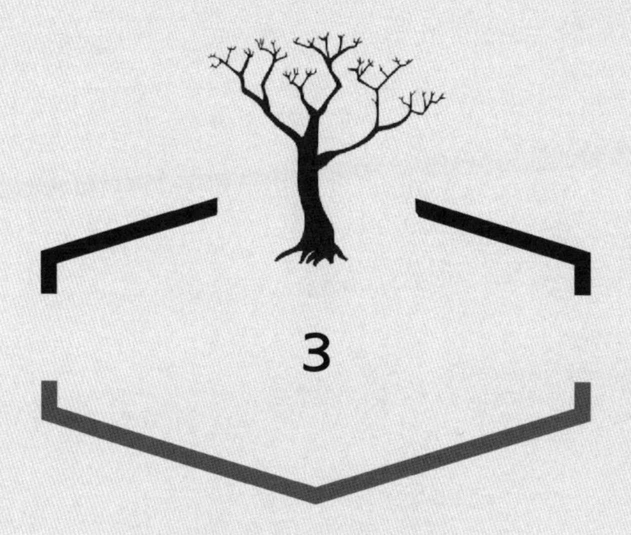

3

나도 눈높이를 낮춰야 하나

이번 장에서 소개해 드릴 사례는 사실 객관적으로 봤을 때 아쉬운 조건으로 재취업한 사례는 아닙니다. 오히려 다른 중장년층의 평균보다는 나은 대우를 받는 곳으로 이직해 분들의 이야기입니다. 하지만 그분들 입장에서는 하향취업에 해당하여 새로운 직장에 만족하지 못했거나, 이직한 이후 발생한 상황 때문에 불만을 품게 된 경우입니다.

1. 나 이런 대우 받을 사람 아닌데

남 이사(가명)는 규모 있는 기업에서 상당히 높은 직급까지 올라갔던 사람이었습니다. 회사의 구조조정으로 50대에 퇴직하게 되긴 했으나, 상사의 소개로 협력업체 이사로 재취업을 하게 되었습니다. 하지만 재취업한 직장에서 받는 대우에 대해 불만을 가졌습니다.

① 사례자

남 이사(가명), 50대

② 사례자의 배경

- 규모 있는 기업에서 구조조정으로 퇴사
- 가정 경제 수준: 이미 새로운 일자리를 확보했으나 기존 일자리에 비해 연봉이 다소 낮은 상황
- 가족 지원 필요 여부: 자녀 부양 필요, 배우자 맞벌이
- 평소 관심사: 특별히 관심 있다고 할 수 있는 것이 없음

남 이사는 평소 전 직장의 상사와 좋은 관계를 유지해 왔습니다. 비록 구조조정으로 전 직장에서 퇴사하게 되었으나, 상사는 남 이사에게 협력업체의 이사 자리를 연결해 주었습니다. 남 이사는 상사에게 고마움을 느끼긴 했으나, 협력업체의 이사직 연봉이 높지 않다는 것에 다소 실망했습니다.

③ 사례자의 선택

다른 취업처 알아보기

남 이사는 우선 전 상사가 소개해 준 협력업체에 취업을 하긴 했습니다. 본인 정도라면 충분히 더 나은 자리로 갈 수 있다고 생각했기 때문에 고민했으나, 전 상사와의 관계를 계속 유지하고 싶었다고 합니다. 하지만 시작부터 불만을 품었기 때문에, 새 직장에 잘 적응하지 못했습니다. 또한 새 직장의 임직원들도 "저 사람 ○○에서 왔다더라." 하며 경계하고, 이질적으로 대하는 것을 느꼈습니다. 남 이사가 이직하기 전에는 '갑' 조직의 직원이었기 때문에, 협력업체 직원들로서는 불편하게 느낄 수밖에 없었을 것입니다. 남 이사는 1년만 채우고 이직하겠다는 생각으로 다른 취업처를 알아보기 시작했습니다.

④ 선택 이후의 변화

생각보다 찾기 어려운 일자리, 서운해하는 전 상사

남 이사는 다른 협력업체를 포함하여 여러 곳에 일자리를 알아봤습니다. 본인 정도면 평소 인맥을 탄탄하게 잘 유지해 왔다고 생각했는데, 그 인맥이 별로 도움이 되지 않는다는 것이 다소 충격이었다고 합니다. 이미 전 직장의 소속감을 상실하면서 정서적으로 다소 불안정해졌던 남 이사는 위축되었습니다. 내가 고작 이것밖에 되지 않는가 하는 자괴감마저 들었다고 합니다.

또한 전 상사로부터 연락을 받았습니다. 본인이 알아봐 준 자리가 마음에 들지 않았느냐며 서운해하는 기색이었습니다. 전 상사 나름의 배려로 자리를 찾아준 것이므로, 재취업을 알아보고 있는 남 이사에게 서운함을 느꼈을 수도 있을 것입니다. 남 이사는 그게 아니었다며 최대한 상사의 기분을 풀어주고자 노력해야 했습니다.

⑤ 사례자의 성찰 및 약점

눈높이, 퇴사 전 정보 탐색 부족, 새 직장에서 적응하고자 하는 노력 부족

저에게 사례를 공유했을 때, 남 이사는 여전히 본인의 자리에 만족하진 못하고 있었습니다. 하지만 스스로 성찰이 이뤄지고 있었습

니다. 남 이사는 본인의 눈이 너무 높았던 것 같다는 생각을 하게 되었다고 합니다. 함께 구조조정으로 퇴사했던 다른 동료들의 상황과 비교하면 본인은 상사로부터 상당한 배려를 받았음을 깨닫고 있다고 했습니다.

연봉만 놓고 생각한다면 남 이사의 재취업은 하향취업이었습니다. 하지만 직급이 올라갔고, 회사에 행사할 수 있는 영향력도 올라갔습니다. 사장조차도 '갑' 조직 출신인 남 이사를 쉽게 대할 수 없었습니다. 이런 관점에서는 오히려 상향취업이라고 볼 수도 있겠다는 생각이 들었다고 했습니다. 전 상사와 본인과의 관계를 잘 활용하여 이직한 기업이 성장하는데 역할을 할 수도 있겠다는 생각도 해 봤다고 합니다. 다만 머리로는 그 점을 받아들였어도, 마음으로는 아직 받아들이지 못하고 있었습니다.

제가 남 이사의 사례에서 아쉬웠던 점은 앞장에서 본 다른 중장년층과 유사한 점이었습니다. 퇴사하게 될 것을 이미 알고 있는 상황에서 본인이 할 수 있는 일을 찾아보려 하지 않았다는 점, 오랫동안 일해왔던 분야에서만 계속 일할 생각을 하고 있었다는 것입니다. 물론 남 이사는 상사가 이미 자리를 마련해 줬기 때문에 다른 정보를 알아보려 하지 않은 것일 수도 있습니다. 하지만 그때부터 미리 정보를 알아봤고, 본인이 원하는 일자리를 찾았더라면 전 상사에게도 이미 스스로 다른 자리를 찾았다는 점을 보여줄 수 있었을 것입니다. 전 상사도 본인이 생각했던 것보다 남 이사가 더 능력있는 사람이라고 생각할 수 있었을 것이고요.

이미 재취업 자리가 정해진 상황에서는 비록 새 직장의 연봉 수준이 마음에 들지 않더라도 적응하고자 하는 노력을 보이는 것이 좋았을 것입니다. 과거에는 갑이었더라도 이제는 같은 조직의 구성원이 된 만큼, 적극적으로 새로운 동료들에게 다가가는 모습을 보여줄 필요가 있었을 것입니다. 새로운 직장에 적극적으로 일하여 그 직장의 성장에 기여한 실적이 있다면, 더 나은 직장으로 옮겨가는 것도 한층 쉬워질 테니까요.

아쉬운 점은 있으나 남 이사 스스로 성찰을 시작했던 만큼, 이후의 변화를 기대해 볼 수 있을 것으로 생각됩니다. 그때가 되면 남 이사의 사례도 성공 사례로 분류될 수 있을 것으로 보입니다.

2. 내가 너희들 선배야

박 조장(가명)은 2차 산업 분야에서 작업반장으로 일하다가 정년으로 은퇴한 사람이었습니다. 박 조장이 근무하던 회사는 사실상 정년을 폐지한 곳이었습니다. 정년퇴직 이후 직원이 계속 일하기를 희망하면 고령자 일자리 제도를 통해 다시 채용해 주었습니다. 박 조장은 회사의 그런 제도에 대해서는 만족했으나, 재취업 이후 다른 직원들이 선배 대우를 해주지 않는다는 것에는 불만을 품었습니다.

① 사례자

박 조장(가명), 60대

② **사례자의 배경**

- 2차 산업 분야에서 재직하다가 60대 정년 퇴임
- 가정 경제 수준: 국민연금만 가입한 수준, 가정 경제를 유지하기 위해 꾸준한 경제활동이 필요한 상황
- 가족 지원 필요 여부: 자녀 독립, 배우자 부양 필요
- 평소 관심사: 수십 년간 교대근무를 했기 때문에 별도의 관심사를 둘 여력이 없었음

박 조장은 정년 이전의 재직 기간 동안 평균 이상으로 잘해 왔다고 스스로 생각하고 있었습니다. 실제로 정년퇴임이 다가올 무렵, 회사는 박 조장에게 고령 근로자로 재취업하는 선택지를 제안했습니다.

③ **사례자의 선택**

회사의 제안에 따라 비정규직 고령 근로자로 재취업

박 조장은 회사의 제안에 따라 고령 근로자로 재취업했습니다. 비정규직 계약이었습니다. 재입사 이후 초반에는 박 조장도 만족했습니다. 급여 수준도 퇴임 이전과 같은 수준으로 유지되었고, 하던 일도 기존과 차이가 없었기 때문입니다. 회사는 정부의 고령자 일자리 지원 사업 예산으로 박 조장의 인건비 중 일부를 확보했기 때문에, 박 조장을 고용하는데 전혀 불만이 없었습니다.

④ 선택 이후의 변화

박 조장에 대한 다른 직원들의 불만, 박 조장의 다른 직원들에 대한 불만

하지만 다른 직원들 사이에서 박 조장에 대한 불만이 언급되기 시작했습니다. 박 조장이 다른 직원들이 일하는 방식을 과도하게 지적하거나 참견한다는 것이었습니다. 박 조장은 오랫동안 근무했기 때문에 작업장에서 진행되는 공정 대부분을 해본 경험이 있었습니다. 다만, 자동화, 전산화된 공정도 있었고, 실행하는 방식이 바뀐 공정도 있었는데 박 조장은 과거에 본인이 하던 방식으로 해야 한다고 반복적으로 참견을 한 것입니다. 신규 직원을 중심으로 박 조장이 오히려 업무 수행에 방해가 된다며 불만이 표출되기 시작했습니다.

박 조장과 친분이 있는 다른 직원들이 박 조장을 말리기도 했습니다. 하지만 다른 직원이 본인을 제지하는 것을 박 조장은 비정규직에 대한 차별처럼 받아들이기 시작했습니다. 선배 대우를 해주지 않는다고 불만을 품었습니다. 정년 이전에는 본인을 예의 바르게 대하던 동료들이 이제는 자신을 부하직원처럼 본다고 생각했습니다. 이런 일이 몇 차례 반복되면서 박 조장도 계속 불만이 쌓여갔습니다.

작업장의 분위기가 흐려지자, 동료들은 술자리를 마련했습니다. 신입 직원들과 함께 마시며 화해하라는 의미였습니다. 박 조장은 그 자리에서 술에 취한 채, 다른 직원들에게 소리를 질렀습니다. 그 결과, 직장 내 괴롭힘 가해자로 신고되었습니다. 결과는 괴롭힘 성립이었고, 박 조장은 이후의 계약 연장에서 제외되었습니다.

⑤ 사례자의 약점

작업장과 본인의 위치 변화에 대한 낮은 수용도, 본인의 언행에 대한 성찰 부족

박 조장은 정년 퇴임 이후에도 회사로부터 좋은 기회를 제공받았습니다. 비록 계약 형태는 정규직에서 비정규직으로 바뀌었지만, 하는 일과 급여, 복지 수준 등은 그대로 유지되었습니다. 하지만 더 이상은 본인이 작업반장이 아니라는 점, 다른 작업자들이 일하는 방식을 관리하는 사람이 아니라는 점을 생각하지 못했습니다. 정년 이전에 하듯이 다른 직원들이 일하는 방식을 참견하고, 본인이 옳다고 생각하는 방식대로 바꾸게 하려고 한 것입니다.

하지만 작업장은 이미 전산화와 자동화가 진행되고 있었고, 여전히 수작업으로 하는 작업 방식에도 변화가 있었습니다. 더는 박 조장의 작업 방식이 최선이 아니게 되었습니다. 그러나 박 조장은 과거에 본인이 하던 방식만이 옳다고 생각하며 다른 작업자들을 불편하게 만드는 상황을 여러 차례 유발했습니다. 또한 화해를 위해 마련된 자리에서도 부적절한 언행을 했습니다. 직장 내 괴롭힘 가해자로 신고되고, 재계약 대상에서 제외되면서 박 조장은 스스로 잘

못한 점이 있음을 뒤늦게 깨달았습니다. 박 조장이 반성하고 있는 만큼, 그에게 새로운 기회가 다시 주어지길 바라봅니다. 박 조장처럼 오랜 시간 동안 한 분야의 기술을 꾸준히 축적한 숙련 인력은 분명 현장에서도 도움이 될 것입니다.

3. 선임들은 다 했는데 왜 나만

이번 사례는 당사자가 아닌, 배우자가 공유한 사례입니다. 편의상 당사자를 사례자로 구분하겠습니다.

사례자인 편 공무원(가명)이 근무하던 곳은 관례가 있었습니다. 정년 퇴임 시점에 편 공무원의 위치까지 올라간 사람은 민간 부문의 모 조직에서 일정 기간을 간부급으로 채용해 주는 관례였습니다. 편 공무원 역시 정년 이후 그 조직에 간부로 채용되었습니다. 다만, 먼저 그 자리를 거쳐 간 선임들이 2~3년간 자리를 지킬 수 있었던 반면, 편 공무원은 1년이 조금 지났을 무렵 자리에서 내려와야 했습니다.

“

① 사례자

편 공무원(가명), 60대

② 사례자의 배경

- 60대로 정년퇴임, 공무원 연금으로 경제적 안정성 확보
- 가정 경제 수준: 공무원 연금이 있으며, 민간 조직에서 근무하는 동안 받은 연봉까지 더하면 현재의 생활 수준을 유지할 수 있는 상황

• 가족 지원 필요 여부: 자녀 독립, 배우자 부양 필요
• 평소 관심사: 정부 정책 및 사업

편 공무원은 정년 이후에 본인이 가게 될 자리에 대해서 잘 알고 있었습니다. 선임들이 받은 연봉과 복지혜택, 대우에 대해서도 이미 충분한 정보를 공유받았습니다. 최소한 2~3년간은 그 자리를 지킬 수 있을 것으로 생각했고, 공무원 연금도 있으므로 노후에 대한 걱정은 별로 하지 않는 상황이었습니다.

③ 사례자의 선택

예정대로 재취업

편 공무원은 예정된 곳으로 재취업을 했습니다. 그리고 약 1년간 높은 연봉과 복지를 누리며 근무했습니다.

④ 선택 이후의 변화

사업장 사정 악화로 1년 만에 고용 계약 종료

하지만 안정적인 것 같던 사업장의 자금 사정이 악화하였습니다.

해당 사업장은 이런 때를 대비하여 퇴임한 고위 공무원을 채용해 왔으나, 편 공무원의 영향력으로 해결할 수 있는 문제가 아니었습니다. 자금 사정이 악화하면서 사업장은 편 공무원의 인건비를 감당할 수 없었고, 고용 계약을 연장하지 않았습니다. 편 공무원은 선임들과는 달리 본인만 짧게 근무하고 계약이 끝난 것이 불만스러웠습니다.

⑤ 사례자의 약점

비위 행위에 대한 민감성 및 새로운 일자리를 알아보고자 하는 의지 부족

편 공무원은 정년 이후 다른 공무원에 비해 큰 혜택을 누렸으며, 그 혜택은 사실상 비위 행위의 결과였습니다. 공무원인 만큼 매년 청렴 교육을 이수했을 것입니다. 하지만 그 교육이 딱히 효과를 내진 않은 것으로 보입니다. 편 공무원은 본인이 혜택을 누렸다고 생각하지 않았습니다. 오히려 선임들만큼 오랫동안 누리지 못한 것을 아쉽게 생각했습니다.

편 공무원은 공무원 연금에 더해 1년간 민간 사업장에서 받은 연봉이 있으므로 경제적으로는 안정된 편입니다. 따라서 현재 상황에 만족하진 않으나, 새로운 일을 찾으려는 의지는 보이지 않고 있습니다.

배우자의 말에 따르면 과거에 활동적으로 바깥 생활을 하던 편

공무원이 집에 머무는 시간이 길어지면서, 자존감도 하락하고 있다고 합니다. 자존감이 떨어지면서 자격지심도 생기고, 배우자나 자녀들의 말에도 과도하게 민감하게 대응하며 가정생활에도 먹구름이 끼고 있습니다. 배우자는 편 공무원이 돈을 벌어오지 않아도 괜찮으니 다시 밖으로도 나가고, 지인도 만나는 생활을 했으면 한다고 합니다.

편 공무원은 재직 중 높은 직급으로 승진했을 만큼 능력도 있고, 사회생활도 잘하는 사람이었습니다. 조직의 관례적인 비위 행위에 연루되었던 점은 아쉬우나, 의욕과 청렴성을 되찾는다면, 그가 가진 역량이 적절하게 활용될 수 있는 영역을 분명 찾을 수 있을 것으로 생각됩니다.

제2의 진로에 만족하지 못하는 사람들

재취업을 희망하는 중장년층이 기대할 수 있는 일자리가 하향취업 중심이라면 그건 분명 문제입니다. 중장년층이라는 이유로 무조건 젊을 때에 비해 생산성이 떨어지는 것도 아닌데, 과거에 비해 더 낮은 연봉과 대우에 만족하라며 눈높이를 낮추라는 건 연령에 따른 차별로도 볼 수 있을테니까요. 하지만 하향취업을 어떤 관점으로 이해해야 하는지도 생각해 볼 필요가 있습니다. 연봉이 줄어든다면 무조건 하향취업일까요? 정규직에서 비정규직이 된다면 무조건 하향취업일까요?

이번 장에서 나온 사례는 흔한 경우는 아닙니다. 중장년기 재취업 때, 위의 사례자들과 같은 수준의 기회를 얻었던 사람이 많진 않습니다. 사례자들은 객관적으로 볼 때, 비교적 또는 상당히 좋은 조건으로 재취업을 했습니다. 하지만 그럼에도 본인의 상황에 딱히 만족하진 않았습니다. 중장년기 재취업의 성패가 당사자의 심리적 만족감에도 달려 있음을 보여주는 사례들이었습니다.

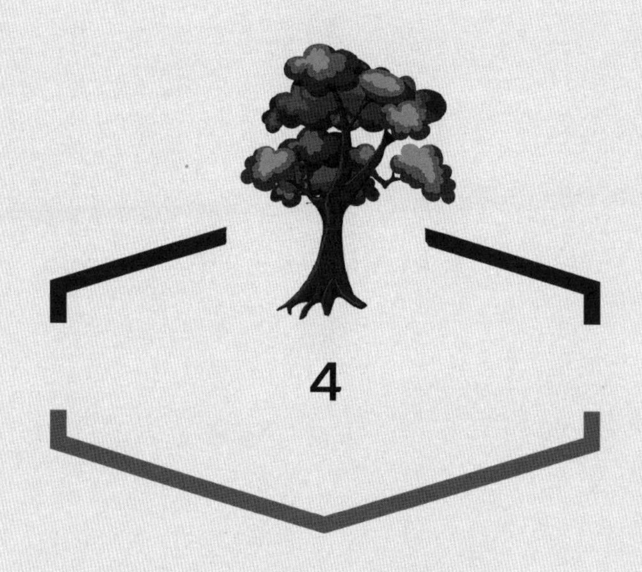

4

가지 많은 진로에 심심할 날 없다

4장부터는 사례자들이 만족하고 행복해한 사례를 중심으로 살펴보려고 합니다. 이번 장에서 살펴볼 사례자들은 처음부터 하나의 진로에 몰입하지 않고 다양한 길을 열어뒀다는 특징이 있습니다. 취미 활동을 하기도 하고, 회사 일과 무관한 다른 공부를 하기도 했습니다. 과거의 직업과는 상관없이 즐거움을 위해 했던 활동이 그들에게 새로운 진로의 기회를 열어주기도 했습니다.

1. 취미에서 직업으로

민 강사(가명)는 처음부터 한 우물만 파지 않았습니다. 다른 일자리를 갖기 위해서 한다는 생각을 했던 것은 아니었습니다. 취미생활로 하는 공부가 즐겁기 때문에 꾸준히 해 나갔고, 공부하던 분야를 더 깊게 이해하기 위해서 유사한 다른 분야도 공부하게 됐습니다. 첫 직장에서 퇴사한 이후, 민 강사는 취미로 배운 공부 덕분에 새로운 일자리를 얻을 수 있었습니다.

“

① 사례자

민 강사(가명), 50대

② 사례자의 배경

- 기술직으로 근무, 40대 후반에 이른 퇴사
- 가정 경제 수준: 계속 경제활동을 해야 생활을 유지할 수 있는 수준
- 가족 지원 필요 여부: 자녀 독립, 배우자 부양 필요
- 평소 관심사: 역사 및 기타 관련 학문

”

민 강사는 수십년간 기술직으로 일해 온 사람이었습니다. 성실하게 책임감 있게 일한다고 주변에서 인정을 받긴 했으나 정작 본인은 사회생활에 적지 않은 스트레스를 겪었습니다. 회사의 사정이 악화되면서 민 강사는 50세도 되기 이전에 이른 퇴사를 해야 했습니다.

다행인 것은 민 강사가 결혼을 일찍 했기 때문에 퇴사한 시기에 자녀들이 이미 성인이 되어 독립했다는 점이었습니다. 민 강사와 배우자는 같은 연령대의 다른 퇴사자들에 비해 부양의 부담이 훨씬 적었습니다.

③ 사례자의 선택

취미로 하던 공부의 확장

민 강사는 재직중에도 취미로 다양한 분야의 공부를 하며, 회사 일 외에도 다른 진로의 가능성을 열어둔 상태였습니다. 하지만 자신이 가진 가능성을 눈치채지 못했고 한동안 혼란기를 겪었습니다. 가장 역할을 제대로 하지 못한다는 자격지심과 자괴감 때문에 무척 힘든 시기를 보냈습니다.

민 강사가 마음을 정리할 수 있었던 데는 배우자의 도움이 컸다고 합니다. 배우자는 민 강사에게 본인이 가사도우미를 해서 생활비를 벌테니 집에만 있지 말고 뭐라도 배워보라고 권했다고 합니다. 배우자에게 미안한 마음 때문에 선뜻 공부를 더 하지 못하고 있던 민 강사는 배우자 덕분에 취미로 하던 공부를 더 깊게 할 수 있었습니다.

정규 교육을 통해 공부한 것이 아니기 때문에 민 강사가 갖춘 지식에 체계성은 다소 부족했습니다. 어떤 분야는 대학 교수들조차 감탄할 만큼 깊이 알지만, 다른 분야는 미흡하기도 했습니다. 배움이 깊어질수록 민 강사는 미흡함을 스스로 깨달았고 다른 분야로 학습의 범위를 넓혔습니다.

민 강사가 학습에 배움에 열중하는 동안, 배우자는 육아도우미, 가사도우미 등의 일을 하며 생활비를 벌었습니다.

> **④ 선택 이후의 변화**
>
> 하나의 직업이 아닌, 여러 파트타임 일자리로, 배우자와 함께 가정을 책임지는 동등한 부부 관계

민 강사를 가르치던 선임 강사는 다양한 분야의 지식과 기술을 습득한 민 강사에게 평생학습센터의 강사로 지원해보라는 조언을 했습니다. 민 강사가 이미 어지간한 선임 강사보다 나은 수준이었습니다. 선임 강사가 종종 과정을 잘 따라가지 못하는 사람들을 민 강사에게 맡기기도 했습니다. 민 강사는 평생학습센터에서 여러 개의 강좌를 맡게 됐습니다. 민 강사가 평생학습센터 강사로 이름이 알려지면서 개인적인 의뢰가 들어오기도 했습니다.

민 강사가 다양한 경로로 돈을 벌게 되면서 배우자도 일을 줄일 수 있었습니다. 배우자는 민 강사의 외벌이 시절에는 은연중에 민 강사보다 낮은 위치에 있는 듯한 기분을 느꼈다고 합니다. 하지만 부부가 함께 벌면서 생활을 꾸려가게 되고, 가사일도 함께 분담해서 하게 되면서 동등한 관계가 되었기에 만족하고 있다고 합니다.

퇴사 이전에 비하면 민 강사 가정의 수입은 눈에 띄게 줄어든 편이었습니다. 하지만 민 강사 부부는 이미 절약하며 사는 데 익숙해졌기 때문에 부족함을 느끼진 않는다고 했습니다.

⑤ 사례자의 강점

성실성, 책임감, 높은 학습열, 배우자의 조언 존중, 소득 수준에 맞춘 지출습관 개선

민 강사는 퇴사 이전에도 이미 업무와 관련되지 않은 분야를 취미로 공부할 정도로 학습열이 높은 사람이었습니다. 한번 시작하면 포기하지 않고 꾸준히, 열심히 하는 성격이기도 했습니다. 퇴사 후, 자격지심과 자괴감에 빠져있던 상태에서도 민 강사는 공부를 하라는 배우자의 조언을 고깝게 생각하지 않았습니다. 비록 배우자가 조언에 사용한 표현이 다소 거친 편이었음에도 말입니다.

배우자의 조언을 본인을 무시하는 것이라는 식으로 생각하지 않고, 기꺼이 받아들인 결과 민 강사와 배우자는 함께 가정경제의 위기를 해결해 나갈 수 있었습니다. 민 강사 본인은 기존의 직장보다

더 행복하게 일할 수 있는 새로운 일자리를 찾을 수 있게 됐습니다.

줄어든 소득 수준에 맞춰 빠르게 지출 습관을 개선한 것도 민 강사와 배우자의 강점이었습니다. 2장에서 봤듯이 퇴사 후 경제적으로 불안정한 상황에서도 자존심 때문에 큰돈을 써버리고 후회한 사례자도 있었습니다. 민 강사 부부는 남들 눈앞에서 있어 보이는 모습을 지키기보다 기꺼이 소비의 경제화를 실천했습니다. 주어진 상황에서 합리적인 선택을 한 것입니다.

2. 교장 선생님은 택시 기사

제가 다음 사례자인 구 교장(가명)을 만난 것은 택시에서였습니다. 구 교장이 운전하는 택시에 제가 타게 됐고, 이동하는 동안 함께 대화를 나눴습니다. 구 교장은 말투에서부터 교양이 느껴졌고, 매너가 무척 좋은 분이었습니다. 덕분에 저도 함께 대화하는 것이 무척 즐거웠습니다.

구 교장은 경제적 이유보다는 정서적인 이유로 재취업을 선택했습니다. 재취업 이후 많은 수입을 거두진 않았으나, 구 교장의 주요 목적은 돈이 아니었기 때문에 현 상황에 무척 만족하고 있었습니다.

① 사례자

구 교장(가명), 60대

② 사례자의 배경

- 초중등학교의 교장으로 정년 퇴임, 연금으로 경제적 안정성 확보

- 가정 경제 수준: 경제적 안정성은 확보되어 있으나, 지출을 다소 축소해야 할 필요
- 가족 지원 필요 여부: 자녀 독립, 배우자 부양 필요
- 평소 관심사: 자녀 독립, 배우자 부양 필요

구 교장은 평생 교사로 재직하다가 교장으로 정년퇴임했습니다. 연금이 있기 때문에 경제적 안정성은 확보되었으나 지출을 다소 줄이거나, 추가적인 수입을 확보할 필요는 있었습니다. 하지만 경제적인 이유보다는 많은 사람들과 소통하고 싶다는 생각으로 새로운 일자리를 찾았습니다.

③ 사례자의 선택

택시 운전사

구 교장은 평소에도 사람들과 대화하는 것을 좋아했습니다. 또한 차를 몰고 드라이브를 다니는 것도 좋아했습니다. 그 둘을 합쳐서 나온 직업이 바로 택시 운전사였습니다. 뉴스에서 택시 운전사가 승객에게 폭언이나 폭행을 당하는 일도 보긴 했습니다. 반대로 택시 운전사가 범죄에 가담하는 것을 보기도 했습니다. 이 때문에 구 교장의 배우자는 택시 운전을 하겠다는 남편을 말리려고 했습니다. 하지만 구 교장은 배우자를 설득했고, 택시운전자격을 취득한 이후, 개인택시를 하게 되었습니다.

④ **선택 이후의 변화**

새롭게 활기를 얻었다는 구 교장

구 교장은 평생 교사가 본인의 천직이라고 생각하며 살았습니다. 하지만 개인택시를 하면서 교사로 재직할 때와 못지 않은 즐거움을 느낀다고 했습니다. 물론 승객 중에는 구 교장이 말을 거는 것을 불편해하는 사람도 있다고 합니다. 하지만 그렇지 않은 사람과는 자유롭게 세상 얘기를 할 수 있어서 즐겁다고 했습니다. 구 교장은 워낙 인상이 좋은 분이었고, 아마 그래서 기꺼이 대화에 동참하는 승객이 많지 않았을까 싶습니다.

구 교장은 택시 기사에게 유류비가 지원된다는 점도 좋고, 깨끗한 차량 유지를 위해 세차 서비스를 이용할 수 있다는 점도 만족스럽다고 했습니다. 카카오택시로 오는 손님은 자동으로 택시비 결제가 되기 때문에 신경 쓸 필요가 없다는 점에도 만족했습니다. 택시 운전을 하면서 감사할 일이 참 많다고 했습니다.

⑤ **사례자의 강점**

새로운 분야에 대한 도전정신, 과거의 지위를 내려놓을 수 있는 마음가짐

구 교장의 사례에서 드러나는 강점은 60대의 나이에 한 번도 해

본 적 없는 택시 운전을 기꺼이 시도해 보는 도전정신입니다. 또한 과거 교장이라는 지위에 머물렀음에도 서비스업 종사자다운 매너를 갖출 수 있었던 그 마음가짐도 분명 강점으로 볼 수 있습니다.

구 교장이 경제적으로 안정되어 있었고, 택시운전으로 돈을 벌어야 한다는 압박감이 없었다는 점은 분명 다른 중장년층보다 훨씬 나은 상황이었습니다. 그 덕분에 여유를 갖고, 택시 운전을 즐기며 일할 수 있었을 것입니다. 하지만 동시에 구 교장만큼의 사회적 지위에 도달했던 사람이 성공적으로 서비스업에 적응했다는 점도 참고해 볼 만하다고 생각됩니다.

3. 엄마는 바리스타

임 사장(가명)은 공공기관의 지원직으로 근무하다가 40대 중반 경에 비교적 일찍 퇴사한 사람이었습니다. 임 사장의 성향상 보수적이고 통제적인 공공기관의 분위기가 무척 스트레스였습니다. 때문에 자녀가 대학 입시 준비를 할 때가 되자, 자녀를 뒷바라지하기 위해 퇴사했습니다. 이후 정부의 관련 정책 사업을 활용하여 다양한 자격을 취득하고, 만족스러운 진로를 찾았습니다.

① 사례자

임 사장(가명), 50대

② **사례자의 배경**

- 공공기관 지원직으로 근무하던 중 40대 중반경에 퇴사
- 가정 경제 수준: 남편의 급여와 개인적인 투자 덕분에 소박한 수준에서 가정경제 유지 가능
- 가족 지원 필요 여부: 남편과 공동으로 자녀 지원 필요
- 평소 관심사: 지금까지 없었음

임 사장은 공공기관에 근무했기 때문에 덕분에 정부와 지자체에서 실직자 지원 정책을 다양하게 실행하고 있다는 점을 잘 알고 있었습니다. 임 사장은 퇴사 직후, 실업급여를 신청하고, 내일배움카드제를 등록했습니다. 자녀를 돌보는 데 집중하면서도, 자녀가 학교와 학원에 가 있는 시간에는 스스로 공부를 했습니다. 바리스타 자격과 제과 제빵 자격도 취득했습니다. 회사에서 일할 때보다 오히려 더 바쁜 시간을 보냈습니다.

임 사장은 자녀가 수능을 치르고 대학에 입학한 뒤, 갑자기 시간이 남아돌면서 잠시 우울감을 느끼기도 했습니다. 하지만 다시 평생학습센터와 여성새일센터에 다니면서 새로운 학습에 도전했고, 이력서 작성과 면접 기술도 다시 갈고 닦았습니다.

③ **사례자의 선택**

기업 내부 카페에 바리스타로 취업

임 사장은 자신이 보유한 자격을 바탕으로 제법 규모 있는 기업 내부 카페의 바리스타 채용 공고에 도전했습니다. 총 2명이 채용되었고, 그중 하나는 임 사장이었습니다.

④ **선택 이후의 변화**

예전보다 만족스러운 직장생활

바리스타로 취업한 이후, 임 사장은 공공기관에 근무할 때보다 훨씬 더 만족스러운 직장생활을 누리고 있습니다. 심지어 급여도 과거 공공기관에 근무하던 마지막 해와 비슷한 수준으로 받고 있다고 합니다. 임 사장의 계약 방식은 기본급이 정해져 있고, 매출에 따라 추가 수당이 정해지는데 임 사장이 성실하게 일한 덕에 커피와 베이커리의 매출이 좋았던 것입니다. 덕분에 정규직 전환도 기대할 수 있게 되었습니다.

임 사장의 근무 시간은 오전 8시부터 오후 5시로 정해져 있으며, 야근을 할 필요도 없어서 무척 만족스럽다고 했습니다. 과거 공공기관 지원직일 때는 시기에 따라서 늦은 밤까지 종종 야근을 하곤 했었는데 그때보다 훨씬 대우가 나아진 것입니다.

게다가 임 사장은 사실상 회사에 고용된 직원이지만 카페 운영을 전담하기 때문에, 회사의 간부가 '임 사장'이라고 부르기 시작했고 이후에는 직원들도 '사장'이라고 부른다고 합니다. 불리는 호칭마저도 한층 더 만족스러워진 것입니다.

욕심을 부리지 않고 새롭게 도전한 중장년기의 일자리가 임 사장에게는 상향취업으로 이어졌습니다.

⑤ 사례자의 약점

새로운 분야에 대한 도전정신, 안주하지 않는 마음가짐

임 사장이 보인 강점 중 하나는 바로 입시생인 자녀를 돌보는 중에도 꾸준히 자기 계발을 했다는 것입니다. 입시생 자녀를 돌보는 건 분명 힘들지만 24시간을 다 필요로 하는 일은 아닙니다. 자녀가 학교에, 학원에 가 있는 시간에 임 사장은 본인의 학습을 했고, 자격을 이수했습니다.

실패를 통해 배운 것도 임 사장의 강점이었습니다. 임 사장은 원하는 일자리에 한 번에 채용되진 않았습니다. 여러 차례 카페 직원 자리에 도전했고, 점장이나 사장보다 나이가 많다는 점, 카페에서 일해 본 경력이 없다는 점 등 다양한 이유로 취업에 성공하지 못했습니다(임 사장의 짐작입니다). 하지만 임 사장은 본인이 취득한 자격을 적극적으로 활용하고자 하는 목표 의식이 있었습니다. 서류 심사에서만 미끄러진 적도 여러번, 면접까지 가서도 실패한 적이 몇 번 있었으나 그 경험을 통해 본인이 가진 강점을 적극적으로 어필하는 방법을 깨달았습니다. 이미 자녀 육아가 끝났기 때문에 오랫동안 퇴사하지 않고 일할 수 있고, 주부 경력이 있기 때문에 재료의 재고를 관리하고 청결을 유지하는 방법을 잘 알고 있으며, 공공기관의 지원직으로 근무했기 때문에 서류 처리를 깔끔하게 할 줄 안다는 것을 내세웠습니다.

4. '○○야'에서 강사님으로

신 강사(가명)는 평생 공공기관 지원직으로 근무하다가 퇴직했습니다. 안정적인 일자리였으나 일하는 동안 아주 만족하진 못했다고 합니다. 전 직장에서 '○○야', '○○씨'라고 불리는 게 불만이었기 때문입니다. 처음 입사한 어린 나이에는 주변 사람들이 삼촌, 이모뻘이라 참았으나 점점 비슷한 나이가 되어가는데도 여전히 존중받지 못하는 호칭으로 불렸다고 합니다. 선임 동료들이 신 강사를 부르는 호칭을 후임 동료들도 그대로 답습했기 때문입니다. 신 강사는 그들보다 경력이 길고 심지어 일부보다는 나이도 많았지만, 직급상 그들보다 아래였습니다.

선임과 후임 동료들끼리 서로를 부르는 호칭에는 항상 '님'자가 들어갔습니다. 신 강사와 같은 직군만은 예외였습니다. 항상 그 점이 아쉽던 신 강사는 퇴직 이후 정부의 지원 사업을 최대한 활용하여 새로운 진로를 찾았고, 강사님, 선생님으로 불리게 됐습니다.

① 사례자

신 강사(가명), 60대

② 사례자의 배경

- 공공기관 지원직으로 근무하다가 정년으로 퇴사
- 가정 경제 수준: 비혼이며, 국민연금과 개인연금으로 소박한 수준에서 본인 생활비 확보 가능
- 가족 지원 필요 여부: 형제자매와 공통으로 부모님 생활비 지원 필요
- 평소 관심사: 없음

신 강사는 퇴직 이후 우선 소비습관부터 개선했습니다. 가계부를 작성하고, 본인이 그저 원해서 구매하는 것과 정말 필요해서 구매하는 것을 구분하기 시작했습니다. 가계부를 바탕으로 꼭 필요하지 않은 지출이 무엇인지 점검하고 줄이는 데 노력했습니다. 이후 정부 부처와 지자체의 일자리 관련 사업을 조사했고, 여성새일센터 등을 통해서 IT 관련 자격을 이수했습니다. 영상편집 과정도 이수했습니다.

③ 사례자의 선택

스마트교육 강사

신 강사는 취득한 자격을 바탕으로 지자체의 스마트교육 강사로 활동하게 되었습니다. 강사로 활동하고 받는 월급은 사실 크지 않

았습니다. 신 강사가 받는 연금에 영향을 주지 않을 정도의 액수였습니다. 하지만 그 금액은 신 강사가 부모님 생활비를 지원하는 데 유용하게 쓰였습니다.

④ 선택 이후의 변화

존중받는 호칭에 대한 만족감

평생 'ㅇㅇ야', 'ㅇㅇ씨'로 불리다가 강사님, 선생님으로 불리게 되면서 신 강사는 존중받고, 자존감이 충족되는 것을 느낀다고 합니다. 급여는 과거에 비해 현저히 낮은 수준이지만 애초에 신 강사는 돈을 목적으로 새로운 일자리에 도전한 것이 아니었습니다. 부모님 생활비를 지원할 돈 정도만 벌 수 있으면 된다는 생각이었습니다.

⑤ 사례자의 강점

스스로 지출 습관 개선, 새로운 일을 통한 자아실현, 미래에 대한 대비

신 강사의 강점은 퇴직하면서 지출 습관부터 개선했다는 것입니다. 퇴직 후 곧바로 연금을 받을 수 있는 것이 아니므로, 저축된 돈으로 연금이 나올 때까지 버틸 수 있도록 소비습관을 개선한 것입

니다. 차도 판매했고, 대중교통을 이용했습니다. 가계부도 작성하고, 매월 지출 패턴을 점검했습니다. 신 강사는 퇴직 이전에도 검소하게 살던 사람이었고, 퇴직 이후 한층 더 지출 습관을 개선하면서 경제적인 불안감은 크게 느끼지 않았습니다.

또한 신 강사는 퇴직 시점에도 소득 수준이 높지 않았으므로 의료보험료에 대한 부담을 크게 느끼진 않았다고 합니다. 소유한 자산이 별로 없기 때문에, 지역가입자로 전환된 이후에도 부담되지 않았다고 합니다. 소유한 것이 많지 않은 것이 오히려 도움이 될 줄은 몰랐다고 했습니다.

신 강사는 연금으로 본인의 생활비를 충당하고, 스마트강사 수입으로 부모님을 지원하는 현재의 상황에 매우 만족하고 있습니다. 물론 신 강사가 스마트교육 강사를 계속 할 수 있는 것은 아닙니다. 지자체 여건에 따라 언제든지 예산이 축소되고 일자리가 사라질 수 있습니다. 그때를 대비해서 신 강사는 미리 본인이 할 수 있는 다른 일을 찾아보려 한다고 합니다.

5. 기타 하나 들고 전국 여행

윤 가수(가명)는 관광지 주변의 식당을 다니며 여행객이 원하는 노래를 불러주고, 팁이나 식사 대접을 받는 사람이었습니다. 제가 윤 가수를 만난 것도 그런 식당 중 한 곳에서였습니다. 사실 저는 식사하는데 누군가 옆에 와서 호객행위를 하는 걸 좀 꺼리는 편입니다. 해외여행 중에는 그러다 짐이나 지갑을 빼가는 경우가 워낙 많기 때문입니다. 하지만 윤 가수의 호객 행위는 노골적이거나 불쾌하지 않았고, 당시 저와 동행 중이던 분들이 윤 가수의 노래를 기꺼워했습니다. 덕분에 꽤 오랫동안 윤 가수의 노래와 인생 얘기를 들을 수 있었습니다.

① 사례자

윤 가수(가명), 연령 미상

② 사례자의 배경

- 현장직 작업반장으로 일하다가 건강상의 문제로 은퇴
- 가정 경제 수준: 기본적으로 하루 벌어 하루를 먹고 사는 삶
- 가족 지원 필요 여부: 자녀 독립, 배우자 사망으로 부양해야 할 가족이 없는 상황
- 평소 관심사: 노래, 기타 연주

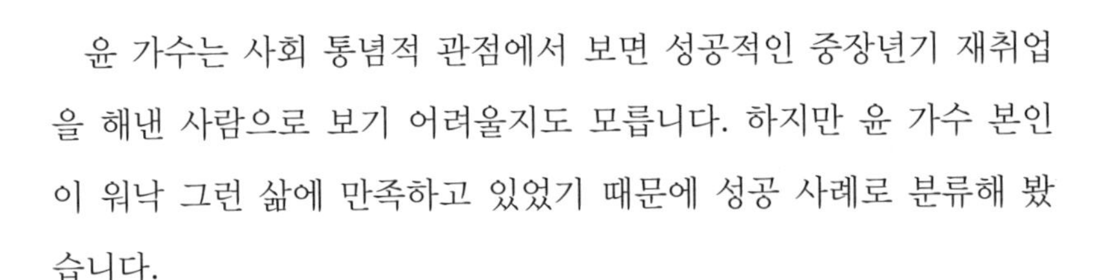

윤 가수는 사회 통념적 관점에서 보면 성공적인 중장년기 재취업을 해낸 사람으로 보기 어려울지도 모릅니다. 하지만 윤 가수 본인이 워낙 그런 삶에 만족하고 있었기 때문에 성공 사례로 분류해 봤습니다.

윤 가수는 오랫동안 현장직, 기술직으로 일해 온 사람이었습니다. 하지만 낭만을 추구해 왔기 때문에 젊은 시절부터 기타를 배웠고, 한때 가수를 꿈꾸기도 했습니다. 윤 가수는 현장직 작업반장까지 하다가 건강에 문제가 생기면서 퇴직했습니다. 퇴직 시점에 자

녀는 이미 성장하여 독립했고, 배우자도 사망한 이후라 본인만 챙기면 되는 상태였습니다.

③ 사례자의 선택

길거리 가수

윤 가수는 평생 바라왔던 가수의 꿈을 퇴직 이후에 이루기로 결심했습니다. 유명 가수가 되는 것은 현실적으로 기대하기 어려웠습니다. 처음에는 유흥업소를 돌며 자신을 홍보했습니다. 단란주점 같은 곳을 흔히 다녔고, 나중에는 강남의 유명 술집도 드나들게 되었다고 합니다. 주로 취객을 상대로 해야 했기 때문에 윤 가수는 힘든 일도 많이 겪었을 것입니다. 하지만 윤 가수는 그런 일에 대해서는 전혀 말하지 않았습니다. 항상 원했던 대로 노래를 부르며 돈까지 벌 수 있다는 것이 즐겁다고 했습니다.

④ 선택 이후의 변화

만족스럽고 즐거운 삶의 향유

윤 가수는 본인의 삶에 무척 만족하고 있었습니다. 그날 받은 팁과 식사로 그날을 살아가는 삶에 대한 불안감도 표하지 않았습니

다. 모든 사람이 안정적인 거주지와 수입이 있어야 행복을 느낄 수 있는 것은 아닙니다. 윤 가수의 사례가 바로 그런 점을 보여주고 있습니다.

⑤ 사례자의 강점

사회 통념과 무관한 본인만의 확고한 가치, 현재 상황에 만족할 줄 아는 점

윤 가수의 강점은 사회 통념적인 가치에 흔들리지 않았다는 점입니다. 본인의 만족, 본인의 행복을 가장 우선으로 생각했습니다. 타인의 시선에 흔들리지 않고 본인이 하고 싶은 일을 선택할 수 있다는 것은 그만큼 윤 가수가 안정적인 가치관을 따르고 있음을 보여줍니다.

윤 가수의 상황은 사실상 하루하루의 생계를 걱정해야 하는 수준이었습니다. 하지만 본인이 선택했기 때문에 스스로 그 상황에 만족할 줄 아는 태도를 보이고 있었습니다. 이런 점을 바탕으로 윤 가수는 소박하지만 확실한 자신의 행복을 찾을 수 있었습니다.

6. 최저 급여만 받으면 만족해

한 프로(가명)는 사례자가 스스로 선택한 별칭입니다. 왜 한 프로라고 불리길 바라느냐고 물었을 때, 무슨 일이든 다 해낼 수 있는 사람이고 싶어서 '프로'라는 호칭을 좋아한다고 했습니다. 한 프로는 과거 전문직으로 일했던 사람이었습니다.

제가 한 프로를 만났을 때, 그는 경제적으로 그다지 넉넉하지는 않은 것으로 보였습니다. 또한 혼자 거주 중이었습니다. 하지만 본인의 상황에 무척 만족하고 있었습니다.

① 사례자

한 프로(가명), 50대

② 사례자의 배경

- 전문직으로 일하다가 이른 퇴직
- 가정 경제 수준: 퇴직했으나 국민연금을 받기 전이라 생활비 확보가 필요한 상황
- 가족 지원 필요 여부: 확인할 수 없었음
- 평소 관심사: 타인과의 소통

한 프로 역시 앞의 윤 가수처럼 사회 통념적 관점에서는 성공한 중장년기 재취업자로 보기 어려울 수 있습니다. 하지만 윤 가수와 마찬가지로 스스로 행복해하고, 만족해하고 있었기 때문에 성공 사례로 분류했습니다. 이미 언급했듯이, 본인 스스로 만족하고 행복해하는가가 제가 성공과 실패를 판단한 기준이었기 때문입니다.

한 프로는 퇴직 전까지 전문직으로 일해 온 사람이었습니다. 사회적으로 존경받는 직업이었지만, 한 프로 본인은 그 일을 하면서 별로 행복하지 않았다고 합니다. 지나치게 경쟁해야 하고, 한 인간으로서의 삶이 희생되어야 하는 것이 견디기 어려웠다고 합니다. 돈이나 명예, 사회적 시선에 구애받지 않는 일을 하고 싶었다고 합니다.

③ 사례자의 선택

어떤 일이든 최저시급과 4대 보험이 보장되는 일자리

한 프로는 예전에 봤던 홍반장이라는 영화를 언급했습니다. 정해진 돈만 주면 뭐든 만능으로 해내는 홍반장의 캐릭터가 무척 기억에 남았다고 했습니다. 홍반장을 참고한 한 프로의 선택은 어떤 일이든 최저시급과 4대 보험이 보장되는 일자리였습니다. 큰돈을 벌고 싶은 생각은 없지만, 가장 기본적인 권리는 보장받고 싶기 때문이라고 했습니다. 다만 한 곳에서 오래 일하고 싶은 생각은 없다고 했습니다. 길게 일하면 점점 더 좋은 대우를 받고 싶은 욕심이 들어서였습니다. 과거에 위로 올라가기 위해 치열하게 경쟁하면서 스스로를 잃어본 적이 있기 때문에 이제는 욕심을 부리고 싶지 않다는 것입니다. 1~2년 정도씩만 일을 경험하는 것이 더 좋다고 했습니다. 직장 상황에 따라 1년도 채 일하지 못할 때도 있지만, 한 프로는 개의치 않았습니다. 심지어 거주지도 자주 옮겼습니다. 한곳에 오래 머물고 애착이 생기면 또 쉽게 욕심이 생길 수 있다는 이유 때문이었습니다.

어느 직장이건 오래 근무하면 타인과 갈등이 생기고, 마음을 상하는 일이 생기기 마련입니다. 한 프로가 과거의 직장에서 여러 차례 경험했듯이 말입니다. 하지만 길게 근무하지 않고 계속 직장을 이동하면서 그런 갈등에 정서적으로 소진되는 일이 사라졌고, 매번 새롭게 시작하고 새로운 관계를 형성하는 현재의 상황에 만족하게 됐다고 합니다.

전문직 경력을 가진 한 프로가 일자리에 지원하는 것을 부담스러워하거나 꺼리는 사장도 있었다고 합니다. 한 프로는 굳이 그들을 설득하려 하지 않았습니다. 채용 공고가 보이면 정성껏 작성한 이력서를 제출했고, 면접 연락이 오면 면접에 참여했고, 채용되면 바로 일했습니다.

④ 선택 이후의 변화

항상 변화하는 삶의 향유

한 프로는 계속 자신의 일자리와 삶의 터전이 변화하는 것이 좋다고 했습니다. 이 정도면 어지간한 일자리는 다 경험해 봤다고 생각했는데, 여전히 본인이 해 보지 않은 새로운 일자리를 또 찾게 되는 것이 흥미롭다고 했습니다. 제가 직업의 개수를 20,000개로 보는 관점도 있다고 알려주자 무척 신기해하기도 했습니다.

한 프로의 연령대가 낮지 않고, 또 특유의 무게감 있는 분위기가 있어서인지, 같은 일을 하는 다른 사람들처럼 진상 고객을 자주 경험하진 않는다고 합니다. 그런 점도 한 프로가 즐겁게 일하는데 기여했을 것으로 보입니다.

또한 한 프로는 처음 이런 일을 시작했을 때는 본인도 모르게 예전 직장에서 하듯이 다른 직원이 일하는 것에 참견하려고 하는 자신을 발견하기도 했다고 합니다. 과거에는 한 프로가 다른 사람의 업무를 지적하고 바로잡는 일도 하는 위치에 있었으나, 지금은 아님에도 말입니다. 그로 인해 한두 번 동료와의 갈등을 겪기도 했으나 곧 그런 자신의 문제점을 극복했습니다. 항상 '본인이 가장 신입이다, 본인이 가장 아무것도 모르는 사람이다'라고 생각하는 방식으로 말입니다.

현실의 삶에서는 계속 일자리와 거주지를 옮기는 한 프로였지만, 온라인상에는 꾸준히 활동하는 곳이 있었습니다. 바로 본인의 전문 분야와 관련된 질문을 올리는 사람들에게 답을 달아주는 것이었습니다. 돈을 받으며 일할 때보다 오히려 익명으로 온라인 상에서 답해주고 고맙다는 답을 듣는 것이 더 충족감이 든다고 했습니다.

⑤ 사례자의 강점

사회 통념과 무관한 본인만의 확고한 가치, 본인 나름의 기준을 세우고 만족할 수 있는 마음가짐, 7전 8기의 정신, 타인의 어려움에 대한 공감능력

한 프로의 강점은 윤 가수와 유사합니다. 사회 통념과 무관하게

본인만의 확고한 가치가 있다는 점과 본인의 상황에 만족할 수 있다는 점입니다. 또한 한 프로는 거의 매년 새로운 일자리를 찾고 있는데, 거절당해도 좌절하지 않고 계속 새로운 일자리를 지원할 수 있는 의지를 갖고 있었습니다.

한 프로는 이런 말을 하기도 했습니다. 한 프로 본인은 이미 전문직 일을 경험했고, 나름의 위치까지 올라가 본 다음에 스스로의 선택으로 지금 하는 일들을 하고 있습니다. 따라서 지금의 상황에 만족할 수 있다고 말입니다. 하지만 본인의 선택이 아니라, 더 나은 일자리로 갈 기회를 얻지 못해서 계속 여러 일자리를 맴돌아야 하는 사람이 있다면 무척 괴로울 것이라고 했습니다. 본인이 계속 이전의 직업에 종사하고 있었다면, 이런 생각을 하지 못했을 거라고 했습니다.

사회적으로 높은 자리에 오른 사람이 본인보다 취약한 위치에 있는 사람의 어려움에 공감 능력을 발휘하지 못하는 일은 우리 주변이나 언론 보도에서 종종 목격되곤 합니다. 한 프로는 지금 누리는 변화가 없었다면 본인도 마찬가지였을 것이라고, 하지만 스스로 기꺼이 변화를 선택했기 때문에 공감할 수 있게 되었다고 한 것입니다.

한 프로의 말을 듣고 저도 생각해 보게 됐습니다. 저는 비록 높은 위치에 있진 않지만, 비교적 혜택받은 직종에 종사하고 있습니다. 그 혜택이 내 눈을 가리고, 타인의 어려움을 공감하지 못하게 만들지는 않는지 항상 성찰하는 마음을 가져야겠다고 생각하게 됐습니다.

7. 질병 장애가 새로운 기회로

임 선생(가명)은 공공기관 지원직으로 근무하다가 50대에 건강 악화로 퇴사한 사람입니다. 질병 장애를 인정받아 경증 장애인 등급을 받게 되었습니다. 장애인으로 인정받은 것이 임 선생에게는 새로운 기회를 가져다줬습니다. 이를 두고 임 선생은 '누군가에게는 고난이 될 장애가 나에게는 기회가 되었다'라는 시적인 말을 하기도 했습니다.

임 선생이라는 호칭은 현재의 직장에서 서로를 부르는 호칭이 '선생'이라서, 그가 스스로 선택한 것이었습니다. 과거에 일하던 직장에 비해 서로 더 존중하는 호칭을 쓰는 현 직장이 무척 만족스럽다고 합니다.

① 사례자

임 선생(가명), 60대

② 사례자의 배경

- 공공기관 지원직으로 근무 중 건강 악화로 50대에 퇴사, 경증 장애인 등급 취득
- 가정 경제 수준: 아직 국민연금은 받지 못하고 있으나 개인연금으로 소박한 수준에서 가정경제 유지 가능
- 가족 지원 필요 여부: 형제들과 공동으로 부모님 지원 필요
- 평소 관심사: 없음

임 선생은 공공기관 지원직으로 근무하는 동안 수시로 야근을 해야 했습니다. 업무량의 강도도 높았고, 같은 직군에 남성이 임 선생뿐이라 무거운 짐을 나르는 등 힘을 쓰는 일을 모두 떠맡았습니다. 또한 임 선생이 속한 직군 전체가 상당한 감정 노동에 스트레스를 받았습니다. 임 선생은 여러 질병을 앓게 됐고, 결국 건강상의 이유로 퇴사하게 됐습니다. 퇴사 시점에 임 선생은 경증 장애인 등급을 받았습니다.

③ 사례자의 선택

공공과 민간 사업장의 장애인 일자리

임 선생은 장애인고용공단과 지자체의 장애인 지원 정책을 검색했습니다. 장애인 직업능력개발과 취업지원프로그램 등 다양한 프로그램에 참여하며 구직을 했습니다. 임 선생이 일할 수 있는 장애인이라는 점, 공공기관에서 오랫동안 행정업무를 했기 때문에 다른 공공기관에 바로 투입이 가능하다는 점이 강점으로 작용했습니다. 장애인 채용률을 유지해야 하는 사업장의 입장에서는 임 선생처럼 일을 잘하는 장애인이 무척 소중한 인력이었던 것입니다.

공공부문뿐만 아니라 민간 사업장에서도 임 선생과 같이 일할 수 있는 장애인을 찾는 곳은 많았습니다. 또한 임 선생은 쉽게 새로운 일자리를 찾을 수 있다는 점 때문에 정규직 전환을 기대하지 않았고, 정규직 인건비를 확보하기 어려운 사업장의 입장에서는 임 선생을 더더욱 반길 수밖에 없었습니다.

④ 선택 이후의 변화

비장애인 시절보다 더욱 본인의 가치가 올라간 듯한 기분

임 선생이 처음부터 장애인 근로자로서 직장에 쉽게 적응한 것은 물론 아니었습니다. 임 선생이 이직할 때마다 새로운 직장의 상사나 동료는 임 선생에게 업무를 맡기는 것을 불편해했습니다. 임 선생이 적극적으로 물어보고 일하려고 하는 의지를 보이자, 그때부터 조금씩 생각이 바뀌는 모습을 보였습니다. 나중에 조심스럽게 물어본 결과, 과거에 왔던 장애인 근로자들이 썩 모범적인 모습을 보이진 않았다고 합니다.

임 선생은 비장애인으로서 과중한 업무량을 감당했던 경험이 있던 사람이었고, 장애인 근로자가 된 이후에 부탁받는 일 정도는 가볍게 해낼 수 있었습니다. 오히려 하는 일이 너무 적어서 미안하다는 생각이 들 때도 있었다고 합니다.

임 선생은 장애인 일자리마다 성실하게 일했고, 그 소문은 근처의 다른 사업장에서도 전달되었습니다. 현 직장의 계약이 종료되기 전에 먼저 다른 사업장으로부터 자리를 제안받는 경험을 하기도 했다고 합니다. 임 선생은 장애를 얻고 나니 본인의 가치가 더 높아졌다며, 이전의 사업장보다 더 존중받는 것이 무척 만족스럽다고 했습니다. 비장애인일 때의 본인은 그냥 흔한 직원이었는데, 장애인이 되고 나니 스타 직원이 됐다는 것이 임 선생의 표현이었습니다.

비정규직 장애인 일자리지만 모두 4대 보험이 되는 사업장이었고, 임 선생은 기본적인 것을 보장받으면서 일한다는 것이 좋다고 했습니다. 장애인을 특히 많이 고용하는 사업장에서 일할 때면, 장애인 인권 의식 교육이 강조되는데, 그 교육을 들을 때면 사회가 장애인을 보호해 준다는 기분이 들곤 한다고 했습니다.

⑤ 사례자의 강점

본인이 가진 것을 잘 활용할 줄 아는 역량, 언제 어떤 상황에도 성실하게 일할 준비가 되어 있는 태도, 현재에 만족할 줄 아는 마음가짐

임 선생은 질병을 얻고 장애인이 되었다는 이유로 좌절하지 않았습니다. 오히려 장애인이라는 특성을 기회로 활용했습니다. 장애인 의무 고용제도 덕분에 일할 수 있는 장애인의 수요가 무척 높다는 점을 잘 파고들었습니다. 비장애인 시절 일하던 경력을 살려, 일 잘하는 스타 장애인 근로자로 거듭났습니다.

또한 임 선생은 어떤 직장으로 가든 성실하게 일할 준비가 되어 있는 사람이었습니다. 장애인에 대한 편견이 극심하던 사업장의 직원들도 결국 임 선생의 성실함을 인정하고, 소중한 동료로 받아들였습니다. 인정받을수록 임 선생은 더 열심히 일하려는 태도를 보

였습니다. 동료 직원들이 비장애인보다 오히려 더 일 잘한다는 칭찬을 할 정도였습니다.

임 선생의 현재 급여는 과거에 정규직으로 일할 때보다는 낮은 수준입니다. 하지만 더 이상 야근할 필요도 없고, 무리하게 몸을 상해가며 과중한 업무를 부담할 필요도 없습니다. 무거운 짐을 임 선생에게 맡기는 사람도 없습니다. 임 선생은 장애인이 되지 않았다면 누리지 못했을 혜택이라며 현재의 상황이 무척 만족스럽고 감사하다고 했습니다.

임 선생의 사례는 저도 참 많이 참고하게 됩니다. 저 역시 공공기관 재직 중이고, 저 역시 언젠가는 장애인 등급을 받게 될 질병을 앓고 있기 때문입니다. 장애인이 되었을 때, 저도 임 선생처럼 더 존중받고, 가치를 인정받을 수 있게 된다면 참 좋겠습니다. 또한 임 선생처럼 장애인으로서도 성실하게 일하며, 일을 즐기는 사람이 되고 싶습니다.

8. 제빵사가 된 부장님

양 부장(가명)은 규모 있는 기업에서 부장으로 재직하던 중 명예퇴직을 했습니다. 처음에는 소속감을 상실한 기분에 어쩔 줄을 몰랐고, 갑자기 본인의 가치가 사라진 듯한 느낌을 받기도 했다고 합니다. 평생 일을 가정보다 우선순위에 두어 왔기 때문입니다. 가정에서도 본인의 자리가 사라진 것을 느꼈습니다. 자녀는 대학에, 배우자는 나름의 외부 활동으로 바빴습니다. 양 부장은 우선 가정 내 자신의 자리를 찾아야겠다는 생각을 하게 됐습니다.

① 사례자

양 부장(가명), 50대

② 사례자의 배경

- 규모 있는 기업에서 부장으로 재직하다가 명예퇴직
- 가정 경제 수준: 배우자가 투자를 잘해 둔 덕분에 노후는 걱정하지 않아도 되는 수준
- 가족 지원 필요 여부: 대학에 있는 자녀 지원 필요, 형제와 함께 부모님 생활비 지원 필요
- 평소 관심사: 없음

양 부장은 비슷한 연령대에 명예퇴직한 다른 사람들에 비하면 상황이 좋은 편이었습니다. 우선 배우자가 양 부장의 월급과 성과급을 잘 관리하고 투자한 덕분에 생활비와 노후를 걱정하지 않아도 되었습니다. 과거 연애 시절에는 수수하게 입고 다니는 배우자가 불만일 때도 있었으나, 결혼 이후에 현명하게 자산 관리를 잘하는 것을 보고 본인이 배우자 복이 있다고 느꼈다고 했습니다. 다만 그 마음을 표현한 적은 없었습니다. 자녀와도 별로 시간을 보낸 적이 없었습니다. 명예퇴식 직후 가정 안에 자신의 자리가 남아있지 않다는 것에 위기감을 느꼈습니다.

③ 사례자의 선택

가족을 위한 제빵사

퇴직 후, 실업급여를 인터넷으로도 신청할 수 있다는 점을 몰랐던 양 부장은 직접 고용센터에 찾아갔습니다. 거기서 내일배움카드제와 같은 제도를 이용할 수 있다는 것을 알게 됐습니다. 평생 실업급여를 받아본 적이 없었고, 고용센터를 방문해 본 적도 없기 때문에 뒤늦게 이런 제도를 알게 된 것입니다.

양 부장은 고용센터를 찾는 사람들이 들을 수 있는 교육과정 중 어떤 것이 있는지 찾아봤고, 제빵사 교육과정을 보게 됐습니다. 양 부장은 자녀가 빵을 좋아해서 아침마다 빵을 먹고 학교에 간다는 점, 배우자가 과거에 직접 빵을 구워주기도 했다는 것을 기억했습니다. 양 부장이 나중에야 알게 된 것이지만, 양 부장의 배우자는 시판 믹스로 빵을 구워주고 있었습니다. 하지만 당시 그 사실을 몰랐던 양 부장은 평생 신경 써주지 못했던 가족을 위해서 직접 빵을 구워줘야겠다는 결심을 했고, 제빵사 교육과정에 등록하기로 했습니다.

④ 선택 이후의 변화

가족 안에 자신의 자리를 되찾은 양부장

양 부장은 꼼꼼한 성격의 소유자였고, 재료 비율을 정확하게 지켜야 하는 제빵이 적성에 잘 맞았습니다. 요리 실력이 없다고 생각했는데 의외라고 생각했다고 합니다.

제빵에 어느 정도 자신감을 갖게 되자 양 부장은 집에서 직접 빵을 구웠습니다. 그리고 오랜만에 배우자와 대화하게 됐습니다. 처음에는 왠 빵이냐, 직접 구웠냐 정도의 짧은 대화가 오고 가는 정도였지만, 조금씩 대화가 늘었습니다. 자녀 역시 학교로 가는 길에 빵이 맛있었다며 지나가는 말투나마 인사를 하고 갔다고 합니다.

배우자와의 대화가 편해지면서, 양 부장은 빵뿐만 아니라 저녁 식사를 본인이 만들겠다고 약속했습니다. 제빵으로 자신감이 붙은 덕인지 처음 가족을 위해 만든 요리도 제법 성공적이었다고 합니다. 양 부장이 저녁 식사를 준비하게 되면서 배우자나 자녀와 함께 식사하고 대화를 나누는 일도 늘었습니다.

배우자와 자녀로부터 요리를 몇 번 칭찬받으면서 양 부장은 집안 살림으로도 보람을 느낄 수 있음을 깨달았다고 합니다. 회사에 다니던 시절에 배우자가 매일 아침 식사를 차려주고 옷을 챙겨주는 일을 당연하게 여기고 고맙다는 말도 하지 않았다는 것이 무척 미안해졌다고 합니다.

양 부장은 제빵사로 재취업하는 것도 생각했고, 입사 지원서를 제출해 보기도 했습니다. 하지만 안타깝게도 실업급여 기간이 끝날 때까지 자리를 확보하진 못했습니다. 양 부장이 좌절하지 않았다면 거짓말이겠지만, 가족 안에 자신의 자리를 찾은 이후라서인지 회복이 빨랐습니다. 양 부장은 재취업을 포기하고, 아예 자신이 전업주부를 하겠다고 나섰습니다. 양 부장의 퇴직 이후, 사실상 가정 경제를 책임지는 것은 배우자였습니다. 배우자가 투자해 둔 곳의 수익금으로 생활비를 쓰고 있었기 때문입니다. 배우자에게 바깥일에만 신경 쓰라며 기꺼이 살림을 도맡았습니다. 양 부장의 이런 태도가 배우자에게는 자랑거리가 되었습니다.

양 부장은 회사에서 일 잘하고 성과급을 많이 벌어올 때보다 살림을 도맡으면서 더 가족의 자랑거리가 되었다며 웃었습니다. 또한 과거에 배우자가 하던 것에 비하면 살림 솜씨가 서툰 면이 있을텐데도, 배우자가 전혀 지적하지 않고 칭찬하는 것이 고맙다고 했습니다. 양 부장이 가정에 다시 자리를 찾는 데는 현명한 배우자의 지지도 크게 기여한 것으로 보입니다.

⑤ 사례자의 약점

가족을 위해서 기꺼이 변화하고, 가족에게 필요한 역할을 도맡는 태도

양 부장은 퇴사하기 전까지 일을 중심으로 생각하며 살았습니다. 하지만 퇴사 이후에는 철저하게 가정에 충실하며 살게 되었습니다. 회사에 다니던 시절에 누렸던 명예를 기꺼이 가족을 위해 내려놓았고, 가족이 좋아하는 음식을 만들고 살림을 하는 전업주부의 길을 선택했습니다. 양 부장의 연령대를 고려하면 결코 쉬운 선택이 아니었을 것입니다.

실제로 양 부장은 본인의 친구들에게 자신이 전업주부가 되었다고 얘기하면 크게 놀림 받을 것이라고 얘기하기도 했습니다. 하지만 그간 회사를 위해 살았으니, 이제부터라도 가정을 위해 살겠다고 했습니다. 자신이 지금 가족을 위해 할 수 있는 일이 살림이라면 기꺼이 살림을 하겠다고 했습니다. 그런 태도는 이후에도 양 부장이 언제, 어떤 상황에서건 주변에서 필요로 하는 사람이 되는 데 기여할 것으로 보입니다.

9. 웹디자이너에서 펜션 주인으로

고 디자이너(가명)는 웹디자이너로 일해 왔습니다. 나이가 들면서 점점 의뢰인이 요구하는 수준을 맞춰주며 많은 일을 하는 것이 버거워졌다고 합니다. 고 디자이너는 특히 일이 힘들었던 한 주를 보낸 뒤 바닷가로 여행을 왔습니다. 그곳에서 바닷가에 지어진 낡은 집을 구매하여 펜션을 열었습니다.

① 사례자

고 디자이너(가명), 40대

② 사례자의 배경

- 회사 소속의 웹디자이너로 일해 오다가 일에 부담을 느끼고 퇴사
- 가정 경제 수준: 생활비를 계속 벌어야 하는 상황
- 가족 지원 필요 여부: 어머니의 생활비를 일부 지원할 필요
- 평소 관심사: 순수미술, 공연, 외국어

고 디자이너는 계속 해 왔던 웹디자이너 자리에서 퇴사했습니다. 나이가 들면서 일이 체력적으로 부담되었기 때문입니다. 대신 프리랜서로 원하는 만큼만 일하고, 생활비를 줄이는 것을 목표로 잡았습니다.

③ 사례자의 선택

펜션 주인

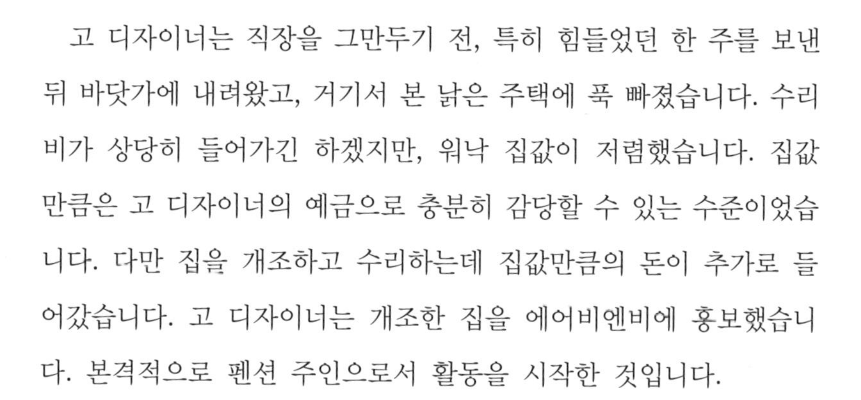

고 디자이너는 직장을 그만두기 전, 특히 힘들었던 한 주를 보낸 뒤 바닷가에 내려왔고, 거기서 본 낡은 주택에 푹 빠졌습니다. 수리비가 상당히 들어가긴 하겠지만, 워낙 집값이 저렴했습니다. 집값만큼은 고 디자이너의 예금으로 충분히 감당할 수 있는 수준이었습니다. 다만 집을 개조하고 수리하는데 집값만큼의 돈이 추가로 들어갔습니다. 고 디자이너는 개조한 집을 에어비엔비에 홍보했습니다. 본격적으로 펜션 주인으로서 활동을 시작한 것입니다.

④ 선택 이후의 변화

코로나 효과로 인기를 얻은 펜션

고 디자이너의 펜션은 코로나 덕분에 생각보다 큰 인기를 누렸습니다. 재택근무가 확산되면서 펜션에 머물며 일하려는 사람들이 많았던 것입니다. 다른 곳에서는 마스크를 써야하지만, 펜션 마당에서는 마스크를 쓸 필요가 없다는 것이 많은 사람들에게 어필한 것으로 보입니다.

고 디자이너가 처음 계획한 것은 펜션의 방 하나에 머무르면서 남는 방에 손님을 받는 것이었습니다. 하지만 코로나 팬데믹이 터졌고, 집 전체를 단독으로 사용하기를 바라는 사람이 많았습니다. 고 디자이너는 직접 펜션에 내려가는 대신, 현지에 거주 중인 중년 여성과 청소 계약을 맺었습니다. 집 관리를 해줄 사람이 생기면서 고 디자이너는 온라인으로 예약을 받고 문의에 답하기만 하면 되었습니다. 훨씬 손이 가지 않게 된 것입니다.

고 디자이너는 도시에 있는 본인의 집에서 프리랜서로 일하고, 직접 손을 대지 않으면서도 펜션 수익으로 부족한 생활비를 보충할 수 있게 되었습니다. 물론 고 디자이너가 크게 욕심을 부리지 않았기 때문에 가능한 일이긴 했습니다.

고 디자이너는 방문하던 여행객들 사이에서 충분히 입소문을 타면 아예 펜션의 홈페이지를 제작할 계획이라고 합니다. 에어비엔비에 내는 수수료가 과하다는 생각도 들고, 가족과 함께 펜션의 2호점을 낼 생각도 갖고 있기 때문입니다. 웹디자이너로 활동할 수 있는 기간이 오래 남지는 않은 것 같다며 곧 펜션 운영을 본업으로 하는 것을 고려하고 있다고 했습니다.

⑤ 사례자의 강점

미리부터 준비하는 자세, 주변의 자원을 잘 활용하는 역량

고 디자이너는 프리랜서 방식으로 바꿨을 뿐 새로운 직업을 찾은 것은 아니었습니다. 하지만 프리랜서 전환으로 인해 줄어든 수익을 보충할 수 있는 새로운 진로(펜션 주인)를 찾았습니다. 매번 일일이 직접 내려가서 관리하기보다는 지역 내에 믿을 수 있는 인력을 채용하여 펜션을 운영했습니다. 편하게, 효율적으로 소득을 얻기 위해 적재적소의 자원을 잘 활용할 수 있었다는 의미입니다.

또한 본인의 웹디자인 경력을 살려서 펜션 홈페이지를 직접 제작하려고 하고 있습니다. 웹디자이너로 오래 활동하긴 어려울 테니, 미리부터 펜션 운영을 본업으로 할 준비를 하는 것입니다. 다가올 미래의 위기를 예측하고 대응할 계획을 세우는 것, 고 디자이너의 큰 강점이라고 할 수 있겠습니다.

10. 전문직에서 웹소설 작가로

① 사례자

한 작가, 40대

② 사례자의 배경

• 면허가 필요한 전문 직종에서 일했으나 자주 이직하다가 대인 관계에

어려움을 느끼고 퇴직

- 가정 경제 수준: 당장은 어려움이 없으나 장기적으로는 노후 대비가 필요한 상황
- 가족 지원 필요 여부: 지원이 필요한 가족이 없는 상황
- 평소 관심사: 활자 중독, 관심사가 몇 년 단위로 바뀌며 무엇이든 관심을 갖게 된 것은 깊이 파는 성격

한 작가는 전문 직종에서 일하던 사람이었습니다. 면허를 갖고 있었기 때문에 일자리를 찾는 데는 전혀 어려움이 없었으나, 직장에서 여러 사람과 부딪치며 일하는 것에 어려움을 느끼고 자주 이직을 했습니다.

제가 겪은 한 작가는 타인에 대한 관찰력이 뛰어난 편이었습니다. 저와 오랫동안 함께 일했던 직장 동료들도 모르는 저의 특징을 바로 파악할 정도였으니까요. 어쩌면 이렇게 뛰어난 관찰력 때문에 타인의 언행을 민감하게 느끼고 교류에 어려움을 느꼈을지도 모르겠습니다.

③ 사례자의 선택

웹소설 작가

마지막 직장에서 퇴사한 뒤, 한 작가는 한동안 집안에 틀어박혀 지냈다고 합니다. 사람을 만나는 것이 무척 스트레스였던 것입니

다. 타인의 눈짓 하나, 눈빛의 변화 하나에 의미를 부여하고 해석하려고 하는 성향 때문이라고 했습니다.

몇 달 이상 집안에서 아무와도 만나지 않고 TV도, 유튜브도 보지 않고 글만 읽었습니다. 한 작가는 원래부터도 활자 중독이었기 때문에 회사에 다니고 있을 때도 항상 책을 손에서 떼지 않던 사람이었습니다. 여유가 생기자 더 많은 글을 읽게 되었습니다. 우연히 웹소설을 접하게 되면서, 한 작가는 웹소설에도 빠져들었습니다. 그리고 웹소설에서 흔히 다루는 게임에도 관심을 갖게 되었습니다.

이후, 한 작가는 하루 대부분을 웹소설을 읽고, 게임을 하고, 게임과 관련된 온라인 카페에서 커뮤니티 활동을 하며 보내게 되었습니다. 게임을 소재로 한 웹소설에서 공통적으로 등장하는 주인공에게는 공통점이 있었습니다. 현실 적응은 어려워하지만, 게임 세계에서만큼은 당당하게, 능력자로 평가를 받는다는 것이었습니다. 한 작가는 그런 주인공의 캐릭터에 공감을 느꼈습니다.

한 작가가 면허를 보유하고 있던 직종에서 일할 무렵, 그의 개인적 역량은 결코 뒤처지는 편이 아니었습니다. 하지만 오프라인 상에서 사람들과 부대끼며 소통하는 것이 버거웠고, 제대로 역량을 발휘하기 어려웠습니다. 게임 속에서는 상대방의 얼굴을 볼 필요 없이, 문자로 소통하면 되었습니다. 면대면으로는 결코 할 수 없었을 직설적인 말도 온라인 상에서는 할 수 있었습니다. 때문에 한 작가는 온라인 속 세상에서 편안함을 느꼈고, 그 안에서 뭔가를 해보고 싶다는 생각을 하게 되었습니다.

글을 많이 읽었고, 또 글 쓰는 것에도 관심이 있던 한 작가의 선택은 웹소설 작가였습니다. 한 작가는 게임 소설 속 주인공이 자신과 닮았다고 느꼈고, 그런 감정과 경험을 실감나게 묘사할 글 실력도 갖고 있었습니다. 글을 쓰면서 스트레스도 해소되었습니다.

④ 선택 이후의 변화

하루하루가 즐거워진 한 작가

기본 성향이 계획적인 한 작가는 하루의 시간을 분배했습니다. 매일 아침 식사를 하고 나면 잠시 스트레칭을 한 뒤, 글을 썼습니다. 웹소설을 연재할 수 있는 사이트가 다양하기 때문에 글을 올릴 수 있는 곳은 많았습니다. 매일매일 몇 페이지 이상의 글을 쓰겠다는 것을 목표로 했고, 달성하고 난 뒤에야 게임과 온라인 커뮤니티 활동을 했습니다. 게임에 중독된 사람들이 사망한 사건도 있었던 만큼, 운동도 빼놓지 않았습니다. 오히려 직장생활을 할 때보다 더 규칙적인 생활을 하면서 건강해졌고, 하루하루가 더 즐거워졌다는 것이 한 작가의 말이었습니다.

물론 한 작가는 아직 유명 작가의 반열에 들지 못했고, 웹소설로 얻는 수익은 미미합니다. 하지만 꾸준히 글을 읽어주는 독자와 소통하는 것에서 만족감을 느끼고 있었습니다. 또한 최근에는 출판사에서 연락을 받기도 했습니다. 종이책으로 내는 것은 어렵지만, e북 출간으로 계약을 했습니다.

⑤ 사례자의 강점

물질에 구애되지 않는 가치관, 자아실현으로 만족감을 느끼는 성향, 절제 능력

한 작가의 강점은 물질, 즉 '돈'에 구애되지 않는다는 점입니다. 길지 않았던 직장 생활이었지만, 그간 모아둔 자금으로 꽤 오랫동안 생활비를 충당할 수 있다는 점도 어느 정도는 기여했을 것입니다. 하지만 그 이전에 한 작가 본인이 돈보다는 스스로의 만족감과 자아실현에 더 중점을 두는 성향이었습니다. 비록 수익은 아직 미미해도, 하고 싶은 일을 하면서 하루를 보낼 수 있고, 작가로서 스스로의 가능성을 깨달아 가는 것에 큰 만족감을 느낄 수 있었던 것입니다.

한 작가는 노후 대비를 완전히 해 둔 상태가 아니기 때문에 장기적으로는 수입원이 필요한 입장입니다. 하지만 그런 점에 불안해하지 않았습니다. 한 작가가 집중하는 것은 작가로서의 역량을 더욱 키우는 것이었습니다.

한 작가가 잠시 중독된 듯했던 게임도 이제는 실감 나는 게임 소설을 쓰기 위한 경험 자료로 쓰고 있고, 커뮤니티 활동 역시 마찬가지였습니다. 하루 종일 집에 머물면서도 이렇듯 스스로를 관리하고, 절제할 수 있는 능력 역시 한 작가의 큰 장점으로 볼 수 있습니다.

11. 수많은 직업을 거쳐 바리스타가 되기까지

이번 사례에서는 저희 어머니의 경험을 소개해 보고자 합니다. 저희 어머니는 농가에서 7남매 중 첫째로 태어나셨습니다. 이미 거기서부터 예상하실 수 있듯이 젊은 시절 안 해본 일이 없는 분이셨습니다. 그만큼 고생도 무척 많이 하셨습니다. 이 책을 읽는 분 중에는 '굳세어라, 금순아'라는 드라마를 보신 분이 계실 겁니다. 그 이상이었다고 생각하시면 됩니다.

그렇게 고생하시던 저희 어머니는 현재 장애인 복지 시설의 카페에서 바리스타로 일하고 계십니다. 바리스타로 일하면서 가장 만족스러워 보이시는 저희 어머니의 가명을 이제부터 '바리스타 리'로 칭하고자 합니다.

① 사례자

바리스타 리(가명), 60대

② 사례자의 배경

- 다양한 직종에서 종사하다가 질병으로 퇴직 후, 장애인 등급을 받고 장애인 일자리에서 근무, 건강 악화로 잠정적 휴식
- 가정 경제 수준: 소박한 수준에서 생활비를 걱정하지 않아도 되는 상황
- 가족 지원 필요 여부: 빠른 결혼 덕에 자녀가 이미 경제적으로 안정된 상황
- 평소 관심사: 커피, 원예, 수공예 등

바리스타 리는 그야말로 안 해 본 일이 없는 사람이었습니다. 제조업 경리직, 하숙업자, 가내수공업자, 보험회사 영업직, 자영업자 등등의 일을 경험했고, 건강 악화로 50대 초반에 퇴직했습니다. 퇴직 이후에 장애인 등급을 받고 공공부문의 장애인 일자리 사업을 통해 장애인 사업장, 장애인 복지 시설 등에서 근무했습니다. 그러면서 바리스타 자격, 꽃차 자격, 각종 IT 자격증을 취득했습니다. IT 자격증을 바탕으로 스마트 보조 강사로 활동하기도 했으나, 코로나 감염으로 건강이 악화되면서 일을 그만두게 되었습니다.

바리스타 리는 어디에서 일하건 성실성과 업무 능력으로 인정받는 사람이었습니다. 보험회사에서 근무할 때는 신인 여왕상을 받았습니다. 장애인 사업장과 복지 시설에서 일할 때도 꼭 다시 일하러 와달라, 정규직 이상으로 일 잘한다는 말을 들었습니다. 스마트 보조 강사로 일하면서도 마찬가지였습니다. 바리스타 리가 손바느질로 손수 만든 가방을 들고 나갔을 때는 가방을 판매하는 가게 주인이 본인 가게에서 팔고 싶다고 칭찬할 정도였습니다.

코로나 감염으로 한참 입원했다가 돌아온 뒤, 바리스타 리는 오랫동안 일을 쉬어야 했습니다. 그런 바리스타 리에게 연락이 왔습니다. 전에 일하던 장애인 복지관에 바리스타 자리가 났으니, 지원해 보라고 권고하는 연락이었습니다.

③ 사례자의 선택

바리스타

원두커피를 내리고, 꽃차를 덖는 것은 바리스타 리가 가장 좋아하는 취미 중 하나였습니다. 카페를 운영해 보는 것도 바리스타 리의 꿈이었습니다. 기회가 주어졌을 때, 바리스타 리는 바로 도전했고 취업하게 되었습니다.

바리스타 리가 근무하는 카페는 장애인 복지관 안에 있으므로, 매출 걱정은 하지 않아도 되는 곳이었습니다. 커피 가격도 300원부터 시작할 정도로 저렴했습니다. 판매한 음료와 가격을 기록하고, 음료를 주문하러 오는 장애인 이용인과 복지사들을 챙겨주는 것이 주요 업무였습니다.

④ 선택 이후의 변화

아침에는 일하고, 오후에는 취미 활동하고

바리스타 리의 근무 시간은 오전입니다. 아침부터 일을 시작해서 점심 무렵에 끝납니다. 퇴근 후에는 바로 집으로 돌아오지만, 복지관에서 점심을 먹고 오후에 다른 취미 활동을 하기도 합니다. 바리스타 리는 미술과 음악, 양쪽에 흥미를 느끼고 있고 또한 재능도 있는 편입니다. 장애인이므로 복지 시설에서 운영하는 다양한 교육 프로그램을 무상이나 저렴한 가격으로 이수할 수 있습니다. 이런 점을 활용하여 미술 치료, 하모니카 연주 등의 수업에 참여하고 있습니다.

⑤ 사례자의 강점

계속 경제활동을 하고자 하는 의욕, 업무 습득 능력, 성실성 등

바리스타 리의 주요 강점 중 하나는 계속 경제활동을 하고자 하는 의욕입니다. 사실상 바리스타 리는 자녀(=저자)로부터 경제적 지원을 받을 수 있습니다. 하지만 부모가 되어서 자식 돈을 어떻게 함부로 쓰느냐며 본인이 쓸 돈은 스스로 벌기 위해 노력하고 있습니다. 바리스타 리의 건강 상태는 현재 별로 좋지가 않습니다. 이미 고비를 넘긴 적도 있고, 움직이는 모든 순간이 고통입니다. 하지만 그런 몸으로도 계속 사회인이고 싶어하고, 경제활동을 하고 싶어 합니다.

바리스타 리의 다른 강점은 업무 습득 능력과 성실성입니다. 일명 '일머리'가 있는 것인데, 업무 습득 능력은 바리스타 리가 자녀인 저보다 훨씬 뛰어납니다. 성실성, 부지런함도 자녀인 저보다 훨씬 앞섭니다. 제 회사 동료들은 제가 부지런하다고, 항상 무슨 일을 하고 있다고 하는데, 정작 바리스타 리와 저를 비교하면 저는 게으른 편입니다.

저를 게으른 사람처럼 보이게 하는 우리 어머니, 바리스타 리를 존경합니다.

12. 취미에서 노년기의 직업으로

앞에서 어머니 사례를 소개했으니, 이번에는 아버지 사례도 소개해야 균형이 맞겠지요? 저희 아버지는 6남매 중 둘째로 태어나셨고, 어머니와 마찬가지로 대학에 갈 수 있는 형편이 되지 못했습니다. 고졸 이후 바로 취업하셨는데, 아버지도 어느 직장에서 일하시건 성실한 사람이라는 평을 듣고 사셨습니다.

하지만 아버지는 일만 하시지 않았습니다. 취미생활로 하는 공부가 즐겁기 때문에 꾸준히 하셨고, 공부하던 분야를 더 깊게 이해하기 위해서 유사한 다른 분야도 공부하게 되셨습니다. 40대의 이른 나이에 직장에서 퇴사하신 이후, 아버지는 취미로 배운 공부 덕분에 새로운 일자리를 얻으실 수 있었습니다. 그런 저희 아버지를 '밝달 강사(가명)'로 칭하면서 사례를 소개하고자 합니다. 아버지가 하시는 일 중 가장 행복해 보이시는 일이 평생학습센터에서 강의를 하시는 것이기 때문입니다.

① 사례자

밝달 강사, 70대

② 사례자의 배경

- 철도 등 다양한 기술직종 분야에서 근무하다가 40대에 이른 퇴사
- 가정 경제 수준: 소박한 수준에서 생활비를 걱정하지 않아도 되는 상황
- 가족 지원 필요 여부: 빠른 결혼 덕에 자녀가 경제적으로 안정된 상황

• 평소 관심사: 역사, 사주, 명리, 풍수지리, 장례 지도 등

밝달 강사는 수십 년간 기술직으로 일해 온 사람이었습니다. 성실하게 책임감 있게 일한다고 주변에서 인정받긴 했으나 사회생활에 많은 스트레스를 겪었습니다. 회사의 사정이 악화되면서 밝달 강사는 40대의 젊은 나이로 이른 퇴직을 해야 했습니다.

다행인 것은 밝달 강사가 결혼을 일찍 했기 때문에 퇴직 시기에 자녀들이 고등학생, 중학생이었고 배우자의 수입이 있으므로 경제적인 점은 걱정하지 않아도 되었던 것입니다.

③ 사례자의 선택

취미로 하던 공부의 확장

밝달 강사는 재직 중에도 사주학, 명리학, 풍수지리 등 동양철학을 공부했습니다. 다만 밝달 강사보다도 짧게 공부한 사람들이 쉽게 철학관, 사무실을 낼 때, 밝달 강사는 계속 본인의 공부가 부족하다고 생각했습니다. 밝달 강사는 퇴직 이후 10년 이상을 배우자와 함께 가게를 운영했고, 공부를 계속했습니다. 이 시기에 밝달 강사 자녀들(=저자 포함)의 사주는 같이 공부하던 여러 사람에게 공유되었고, 샅샅이 파헤쳐졌습니다.

밝달 강사는 지금까지도 철학관이나 사무실을 내지 않았습니다.

하지만 주변에서 요청이 들어오면 사주를 풀어주고, 작명해 주고, 집 지을 자리나 묏자리를 봐주었습니다. 밝달 강사는 타고난 언변이 뛰어나진 않지만, 공부한 깊이가 있었기 때문에 사주를 풀어달라고 의뢰한 사람이 물어보는 것은 답해줄 수 있는 수준이 되었습니다.

밝달 강사는 역사에도 깊은 관심이 있었습니다. 정규 교육을 통해 공부하지는 않았으나 오랫동안 깊이 탐구했기 때문에 일부 영역에서는 관련 학과의 대학교수조차 감탄할 만큼의 지식과 해석을 보이기도 했습니다.

또한, 밝달 강사는 20대에 부친의 죽음을 겪은 뒤, 항상 고인을 모시는 일에 관심이 있었고, 봉사 차원에서 장례 지도를 해 왔습니다. 그러다 2015년에는 정식으로 국가자격을 받기도 했습니다.

④ 선택의 결과

하나의 직업이 아닌, 여러 파트 타임 일자리로

밝달 강사는 깊은 역사적 지식과 점잖은 어투, 성실성 등을 바탕으로 문화관광해설사로 활동할 기회를 먼저 얻게 되었습니다. 문화관광해설사는 현재 정식 일자리처럼 되면서 젊은 사람들이 많이 유입되었지만, 처음 시작은 고령자를 위한 자원봉사 형태의 일자리였습니다.

밝달 강사가 얻은 두 번째 기회는 평생학습센터의 강사였습니다. 밝달 강사가 동양철학을 오랫동안 깊이 공부했음을 주변에서 알게 되면서 기회가 주어진 것입니다. 본인이 살고 있는 지역뿐만 아니라 인근 지역에서의 교육시설에서도 강의하게 되었습니다.

또한, 장례지도사 교육과정을 운영하는 기관에서 강의와 실습 교육을 할 기회도 생겼습니다. 세 일자리 모두 안정적인 것은 아니고, 기회가 되면 하는 것이지만 밝달 강사는 상당히 바쁜 시간을 보내고 있습니다.

⑤ 사례자의 강점

성실성, 책임감, 높은 학습열

밝달 강사는 퇴사 이전에도 이미 업무와 관련되지 않은 분야를 취미로 공부할 정도로 학습열이 높은 사람이었습니다. 한번 시작하면 포기하지 않고 꾸준히, 열심히 하는 성격이기도 했습니다.

줄어든 소득 수준에 맞춰 지출 습관을 개선한 것도 밝달 강사와 배우자의 강점이었습니다. 앞에서 봤듯이 퇴사 후 경제적으로 불안정한 상황에서도 자존심 때문에 큰돈을 써버리고 후회한 사례자도 있었습니다. 하지만 밝달 강사 부부는 소득이 줄어들면서 소비의 경제화를 실천했습니다. 주어진 상황에서 합리적인 선택을 한 것입니다.

제1 진로와는 전혀 다른 진로에 만족하는 중장년층

이번 장에서 살펴본 중장년층은 과거에 해 왔던 일과는 전혀 다른 분야에서 진로를 찾고 만족하는 모습을 보였습니다. 물질적인 보상은 별로 또는 전혀 없는 진로를 찾은 분도 있었습니다. 다른 사례자들조차도 물질적인 조건만 따지면 대부분 하향취업이었고, 상향취업을 경험한 사례자는 소수였습니다. 하지만 사례자들은 그런 점에 구애받지 않는 모습을 보였습니다. 돈보다 더 소중한 가치가 있다는 것을 보여준 것입니다.

중장년층 구직자에게 무작정 하향취업에도 만족하라고, 눈높이를 낮추라고 해선 안 될 것입니다. 하지만 급여는 다소 줄었을지언정 본인 스스로 만족하는 일을 찾을 수 있다면, 그것이 곧 성공적인 중장년기 진로 개척 사례가 될 수 있다고 생각합니다.

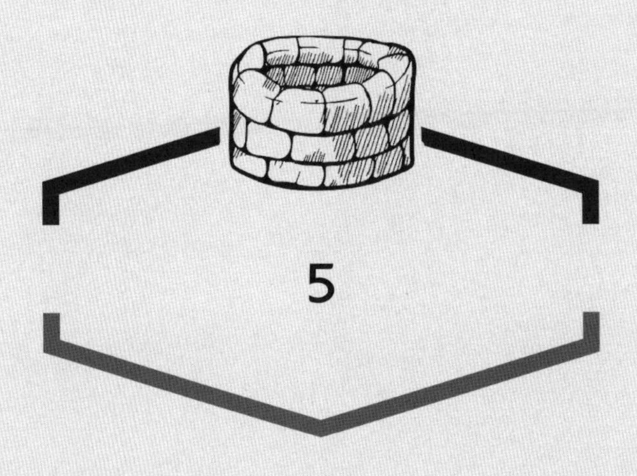

5

한 우물만 팠어도 행복해

한 우물만 깊이 팠어도 제2의 진로에서 큰 만족감을 얻은 사례자들도 있습니다. 하지만 그들은 오랫동안 계속 해 온 일에 얽매이지 않고 기꺼이 다른 길을 찾을 마음의 준비가 되어 있었습니다. 그렇게 준비된 사람들에겐 새로운 기회도 더 잘 열리는 듯합니다.

1. 은퇴 후 같은 회사로 재취업

장 반장(가명)은 평생 2차 산업 분야의 기술직으로 살아온 사람이었습니다. 정년이 되어 퇴직하게 됐을 때, 회사에서 고령자 일자리로 전환하는 것을 제안했습니다. 장 반장은 기꺼이 그 기회를 받아들였습니다.

① 사례자

장 반장(가명), 60대

② 사례자의 배경

- 2차 산업 분야에서 재직하다가 60대 정년 퇴임
- 가정 경제 수준: 국민연금만 가입한 수준, 가정 경제를 유지하기 위해 꾸준한 경제활동이 필요한 상황
- 가족 지원 필요 여부: 자녀 독립, 배우자 지원 필요
- 평소 관심사: 없음

장 반장은 오랫동안 일해 왔던 회사에서 퇴직 후 고령자 일자리로 전환하는 것을 제안받았습니다. 장 반장이 평소 성실하게 일한 것을 회사에서 긍정적으로 평가한 것으로 보입니다. 또한, 최근 2차 산업 분야는 인력이 매우 부족하기 때문에 회사도 숙련도 높은 장 반장과 같은 인력을 놓치고 싶지 않았을 것입니다.

③ 사례자의 선택

회사의 제안에 따라 비정규직 고령 근로자로 재취업

장 반장은 비록 더 이상 정규직 자리는 아니지만, 비정규직이라도 계속 일하며 돈을 벌 수 있는 것에 감사했습니다. 흔쾌히 회사의 제안을 받아들였고, 계속 일하게 되었습니다.

④ 선택 이후의 변화

연장근무 없는 직장생활, 꾸준한 수입, 배우자와의 시간

장 반장은 비정규직 고령 근로자로 채용된 것이기 때문에 회사가 아무리 바빠도 더 이상 연장근무를 하지 않게 되었습니다. 연장근무를 하지 않는 만큼, 예전보다 수입은 줄었습니다. 하지만 기본 급여만큼은 예전과 별 차이가 없었습니다. 장 반장과 배우자는 검소

하게 사는 사람들이었기 때문에 그 정도면 충분히 기존의 생활 수준을 유지할 수 있었습니다.

장 반장은 다른 동료들과도 잡음 없이 업무를 이어갔습니다. 새로 도입된 자동화 공정도 기꺼이 배울 준비가 되어 있었습니다. 회사가 자신을 다시 채용해 준 것이 너무 고마워서 무엇이든 기꺼이 배우고 싶었다고 합니다.

수입이 안정되고 시간적인 여유가 생기면서 장 반장은 배우자와 좀 더 시간을 보내게 되었습니다. 과거에는 교대근무에 연장근무를 했기 때문에 배우자와 자녀의 얼굴도 제대로 못 보고, 집에서 잠만 자고 나갈 때가 많았습니다. 하지만 시간적 여유가 생기면서 배우자와 문화생활을 하거나, 인근 지역으로 여행을 다니게 되었습니다. 처음에는 어색해하던 배우자도 이제는 장 반장에게 이런 얘기, 저런 얘기를 편하게 할 수 있게 되었습니다.

장 반장은 평생 배우자와 해외여행 한번 가보지 못한 것이 미안했었다고 합니다. 그래서 태국으로 함께 여행을 왔고, 덕분에 제가 장 반장 부부를 만날 수 있었습니다. 제가 참여한 현지 투어에 장 반장 부부도 함께 와 계셨는데, 장 반장이 현지인 가이드의 말을 못 알아들으셔서 제가 대신 통역을 해드렸습니다. 배우자 분을 챙기면서 함께 여행하는 장 반장의 모습이 무척 아름다웠습니다.

⑤ 사례자의 강점

주어진 것에 만족하고 감사할 줄 아는 자세, 가족을 위한 마음

장 반장의 사례는 3장에서 본 '박 조장'의 사례와 매우 유사합니다. 둘 다 2차 산업 분야의 기술직이었고, 정년퇴직했으나 회사로부터 고령 근로자 제안을 받았습니다. 하지만 결과는 달랐습니다. 박 조장이 회사의 변화에 적응하지 못하고 1년 만에 계약 종료가 된 반면, 장 반장은 계속 계약이 연장되었습니다.

장 반장은 주말 근무와 연장근무를 하지 않게 되면서 여유가 생긴 시간을 가족을 위해 보냈습니다. 한창 일할 때, 가족과 많은 시간을 보내지 못한 것이 미안하다는 마음을 가졌고, 그만큼 더 배우자를 위했습니다.

60대의, 평생 해외여행을 해본 적 없는 남성분이 배우자를 위해 해외여행을 계획하는 일은 흔치 않을 것입니다. 하지만 장 반장은 그렇게 자신보다 가족, 주변 사람을 더 챙기는 모습을 보였습니다. 그런 점 덕분에 장 반장이 회사에서도 무리 없이 재적응하고, 가족 안에서도 자신의 자리를 금방 되찾을 수 있었던 것으로 보입니다.

2. 내륙에서 독도를 지키는 지적박물관장

다음은 저와 동향 출신이신 어느 교수님의 사례입니다. 교수님은 지적학, 즉 국토 자원의 효율적인 이용과 관리를 연구하는 학문을 전공하셨습니다. 적극적인 연구와 활동으로 대통령 표창을 받으시기도 했습니다. 교수직에서 은퇴하신 지금은 지적박물관을 설립하고, 미래 세대에게 민족의식과 영토의식을 전수하고자 발로 뛰고 계십니다. 교수님을 '이 관장'으로 칭하면서 그분의 사례를 소개하고자 합니다. 열과 성을 다해서 지적박물관을 세우고, 유지하고 계시기 때문입니다.

① 사례자

이 관장(가명), 60대

② 사례자의 배경

- 모 대학의 지적학과 교수로 제자를 육성하다가 정년 퇴임
- 평소 관심사: 민족의식, 영토의식, 미래 세대를 위한 지식 전수, 지역 발전

이 관장은 국내에서 흔치 않은 지적학 전문가입니다. 이 관장은 본래 형편이 넉넉하지 않은 대가족에게서 태어났고, 대학을 꿈꾸기 어려운 환경이었습니다. 하지만 고등학교 졸업 이후, 대학에 간 친구들의 얘기를 듣고, 일단 학비부터 벌겠다는 마음으로 대청댐 공사장에서 모래를 운반했습니다. 갓 10대를 벗어난 어린 청년에게는 결코 쉽지 않은 결심이었을 것입니다.

이 관장은 몇 개월간의 힘든 노동을 경험하면서, 공부가 가장 쉽다고 깨달았습니다. 공부가 죽도록 싫은 사람들에게는 공감하기 어려운 말이겠지만, 실질적으로 공부는 들이는 노력 대비 성공 가능성이 높은 편입니다. 예체능계에서는 뼈를 깎는 노력을 쏟아부어도, 과도한 연습 끝에 오히려 몸이 망가져 성공에 도달하지 못할 수 있습니다. 공부는 그런 위험 부담이 상대적으로 적습니다. 공부가 가장 쉽다는 말은 그래서 나오는 것입니다.

이 관장은 공부에 몰두하기로 했고, 5개월간 대입 시험을 준비하여 청주대의 지적학과에 입학하게 되었습니다. 1학년 때, 원영희 교수님을 은사로 만났고, 그 분을 보면서 지적학의 최고 권위자가 되겠다는 꿈을 갖게 되었습니다. 원영희 교수님의 자택까지 찾아들며 끝없이 질문하고 배우고자 했고, 교수님의 수제자가 되어 모든 것을 전수받게 되었습니다.

원 교수님은 돌아가시기 전, 이 관장에게 '돈을 위한 연구를 하지 마라', '한국지적학회를 대학으로 옮겨오라'는 두 가지 유언을 남기셨다고 합니다. 이 관장은 스승의 유언을 따르기 위해 연구에 몰두했습니다. 박사 학위를 받고, 교수로 부임하면서 본격적으로 지적학의 체계화에 나섰고 수많은 제자를 양성했습니다. 이 관장은 우리 영토의 범위가 어디까지인지 깊이 탐구했고, 일본과 대립하는 독도 문제에 종지부를 찍고 싶다는 목표를 가졌습니다. 그렇게 연구에 몰두하던 중, 암으로 시한부 진단을 받았으나 수술 후 퇴원하자마자 바로 새벽까지 논문을 썼습니다. 그런 의지로 무사히 회복했으며, 의사의 예상을 뒤엎고 20년 이상 건강을 지키고 있습니다. 노력과 의지로 이 관장은 지적학의 저명한 학자이자 정부에서도 독도에 대한 자문을 구할 정도의 전문가가 되었습니다. 그의 저서만 해도 20여권, 논문은 120편이 넘습니다.

이 관장은 일본에서 개최된 학회에서 '지적학으로 본 일본의 독도 영유권 주장의 문제점'을 발표하기도 했습니다. 발표 후에는 일본 학자들과 대화를 나눴습니다. 이때 일본 학자들은 자국의 정치인도 독도가 한국 땅임을 알고 있다는 것에 동의했습니다. 하지만 일본을 전쟁할 수 있는 나라, 즉 군사권을 가진 나라로 만들 수 있는 당위성이 독도이기 때문에 계속 독도가 일본 땅이라고 주장한다는 것이었습니다. 이 관장이 일본에 가서 일본의 문제점을 지적할 만큼 대범한 면모를 보였기 때문에 그런 진솔한 소통이 이뤄질 수 있었던 것으로 보입니다.

또한 이 관장은 중국의 동북공정 관련 연구소에 찾아가 연구원과 직접 대화를 나누기도 했습니다. 당시에 이 관장이 만난 중국인 연구원들은 "먹고 살기 위해 정부에서 시키는 대로 연구하고 있다, 이렇게 연구하면 현재는 맞지 않더라도 100년이 지났을 때, 100년 전부터 우리 것이 된다."고 말했다고 합니다. 역사 교육과 기록이 얼마나 두려운 힘을 갖고 있는지 알게 해주는 말이라고 이 관장은 평했습니다.

이 관장은 간도 땅 역시 우리 영토라고 보고 있으며, 본인 생전에는 찾을 수 없더라도, 미래 세대가 영토를 찾을 때 활용할 수 있도록 현재의 자료를 체계화시켜야 한다고 주장했습니다. 이를 위해, 사라진 백두산 정계비를 복원하여 대구광역시에 기부하기도 했습니다. 백두산 정계비는 간도에 대한 역사학적, 그리고 지적학적 근거가 되는 사료입니다. 이 관장은 정계비라는 사료를 통해, 간도가 우리 영토임을 알리고, 언젠가 되찾을 수 있는 역사적 초석을 마련한 것입니다. 이 관장은 대학 재직 중에는 독도론과 간도론을 대학 정규 과목으로 편성하여 후학을 양성하고자 하기도 했습니다.

③ **사례자의 선택**

국민의 영토의식 함양을 위한 독도교육과 지적박물관 설립

이 관장은 꾸준히 독도에 대한 국민의 영토 의식을 환기하는 강의를 해왔습니다. 하지만 그런 강의 후에도 국민의 열기가 오래 지속되지 않는다는 점에 문제의식을 느꼈습니다. 왜 독도가 우리 땅이냐는 근거에 정확히 답할 수 있는 사람도 많지 않았습니다.

이 관장은 "일본 시마네현 지적편찬사업과정에서 나타난 태정관지령에 의해 독도가 대한민국 땅이다."라는 근거를 바탕으로 독도가 우리 땅임을 설명했습니다. 이 관장의 말에 따르면, 일본 시마네현은 1877년에 울릉도와 독도를 시마네현의 지적에 올려야 하는가 질의했고, 일본 정부는 울릉도와 독도는 일본 땅이 아니라는 공문을 하달했습니다. 이 공문이 태정관지령으로, 당시 일본 스스로 울릉도와 독도는 자기네 땅이 아니라고 답한 것입니다. 우리나라의 사료 뿐만 아니라, 일본이 보유한 사료에도 이렇게 확고한 증거가 있는데 독도가 일본 땅이라는 말은 어불성설이죠. 사실 이런 사료가 있다는 건 이 관장의 사례를 책에 담고 있는 저 역시도 몰랐던 사실입니다.

정년퇴임 이후, 이 관장은 본격적으로 국민의 영토 의식을 높이기 위한 활동을 하고 있습니다. 퇴임 전부터 지적박물관 설립을 준비했고, 퇴임 후에는 독도 방문단을 구성하여 현장 교육을 실행하고 있습니다. 성인뿐만 아니라 10대 학생들을 대상으로도 교육을 진행하여 미래 세대의 인식을 높이고자 노력하고 있습니다.

④ 선택 이후의 변화

활발한 사회 활동 유지, 지적박물관의 독도상 수상

이 관장은 교수로 재직 중일 때 못지않게 바쁜 나날을 보내고 있습니다. 끝없이 새로운 교육과 활동을 기획하고 추진하고 있습니다. 그런 활동이 그에게 계속 활기를 주고 있는 듯합니다. 배우자와 자녀 역시 그런 이 관장의 활동을 적극적으로 지지하며 함께 하고 있습니다.

독도에 대한, 독도를 위한 오랜 연구와 활동의 결과로 그가 운영하는 지적박물관은 2024년 10월 25일 동북아역사재단에서 독도상을 수상하게 되었습니다. 독도상은 국내 1개 단체만 선정하는 명예로운 상이라고 합니다.

⑤ 사례자의 강점

사회적 기여에 대한 높은 의식 수준, 열의, 목적의식, 자원 활용 역량

이 관장의 사례에서 볼 수 있었던 첫 번째 강점은 사회적 기여에

대한 그의 높은 인식 수준입니다. '돈'을 위한 연구를 하지 말라던 스승의 유지를 수십 년이 지난 지금도 계속 받들면서, 개인의 이익이 아닌 사회를 위한 활동을 하고 있습니다. 돈을 목적으로 활동하다 보면, 기대하는 만큼의 수익을 얻지 못할 때 하고자 하는 의욕을 잃을 수 있습니다. 하지만 이 관장의 목적은 돈이나 개인의 이익이 아니기 때문에, 많은 어려움 속에서도 계속 현재의 왕성한 활동을 이어갈 수 있었던 것으로 보입니다. 물론 못지않게 중요한 것은 그의 열의와 목적의식이었을 것입니다.

그의 또 다른 강점은 본인이 가진 자원, 즉, 전문성과 인맥을 다양한 형태로 활용할 줄 안다는 것입니다. 스스로가 가진 자원이 무엇인지, 어떻게 활용해야 하는지를 잘 아는 것도 중요한 역량 중 하나입니다. 우리가 앞에서 봤던 다른 중장년층의 사례를 보면, 분명 뛰어난 역량과 자원을 갖추고 있음에도, 그에 맞는 새로운 진로를 찾지 못하거나, 본인과 잘 맞지 않는 진로를 시도하려고 한 사례들이 있었습니다. 이 관장은 전공 분야부터 지적학, 즉, 효율적으로 토지를 이용하고 관리하는 학문입니다. 그런 학문의 전문가이기 때문에 다른 유형의 자원도 마찬가지로 매우 효율적으로 활용할 수 있는 것으로 보입니다.

3. 모델로 시작해서 요가 강사로

안 강사(가명)는 모델이었습니다. 모델이라는 직업에 높은 자부심을 갖고 있었고, 백발이 되어서도 모델 활동을 계속 하고 싶다는 꿈을 갖고 있었습니다. 하지만 질병으로 모델 생활을 중단해야 했고, 오랜 투병 기간을 겪었습니다. 그러다 모델 활동을 할 때부터 몸 관리를 위해 꾸준히 요가를 했던 경험을 살려 요가 강사 자격증을 취득했고, 지금은 강사로 활동하고 있습니다.

① **사례자**

안 강사(가명), 40대

② **사례자의 배경**

- 모델로 활동하다가 건강 악화로 중단
- 가정 경제 수준: 노후 대비가 되어있지 않으며 생활비를 벌어야 하는 상황
- 가족 지원 필요 여부: 현재는 부모님도 수입이 있으나 장기적으로는 지원해야 할 수도 있는 상황
- 평소 관심사: 몸 관리, 생활 습관 관리

안 강사는 모델이라는 직업을 무척 사랑하던 사람이었습니다. 심지어 임신 중에도 의상을 약간 손봐서 배가 드러나지 않게 하며 모델을 계속 할 정도였습니다. 안 강사의 롤모델은 백발이 되어서도 런웨이에 서는 카르멘 델로피체였습니다. 델로피체처럼 노년이 되어서도 모델 활동을 하는 것이 꿈이었습니다. 하지만 갑작스럽게 진단받은 질병으로 오랜 기간 치료를 받게 되면서 모델 활동을 포기해야 했습니다.

③ **사례자의 선택**

요가 강사, 요가와 병행하는 차별화된 운동 시설 계획

안 강사는 기본적으로 몸 관리를 하는 습관이 몸에 배어있는 사람이었습니다. 하루의 일정 관리와 운동 루틴, 식단 등 모든 면에서 자신의 몸을 세심하게 관리해 왔습니다. 질병으로 치료받는 동안에도 가벼운 스트레칭 정도는 꾸준히 해 나갔습니다. 의사도 격한 운동은 무리지만, 가벼운 요가 정도는 해도 좋다고 권했습니다.

긴 투병을 끝낸 뒤, 안 강사는 다시 체력을 기르기 위한 운동을 시작했습니다. 요가는 당연히 안 강사의 운동 루틴에 포함되었습니다. 더 나아가 요가 강사 자격에 도전하기도 했습니다. 이제 모델로 활동하긴 어렵다는 것을 깨달았기 때문입니다.

안 강사가 요가 강사를 취득했을 무렵, 마침 안 강사가 다니던 요가 학원에 공석이 생겼습니다. 강사 하나가 이직했기 때문입니다. 안 강사는 원장의 권고로 요가 강사로 일하게 되었습니다. 다만 요가 강사로 일하는 것만으로는 수입이 충분하지 않아 다른 일도 병행해야 했다고 합니다.

이제는 일이 잘 풀린다고 생각했지만, 안타깝게도 근무하던 요가 학원이 몇 년 만에 부도나서 문을 닫게 되었습니다. 안 강사는 마지막 한두 달의 월급을 받지 못했습니다. 하지만 요가학원의 원장이 너무 미안해했기 때문에, 안 강사는 감정이 거의 상하지 않은 채로 퇴사할 수 있었습니다. 안 강사에 의하면 원장을 잘못 만나 고생하는 요가 강사도 적지 않다고 합니다. 하지만 본인은 원장 복은 있는 것 같다는 것이 안 강사의 말이었습니다. 원장은 꼭 월급을 주겠다고 약속했으며, 최근 몇 달간 정말로 조금씩 돈을 입금하고 있다고 합니다. 전 원장은 무척 정직한 사람이었던 것으로 보입니다.

안 강사는 다시 구직 활동을 시작했고, 곧 새로운 요가 학원에 자리를 잡을 수 있었습니다. 이전 직장의 경험을 바탕으로 안 강사는 요가 학원이 문을 닫기 쉬운 이유를 파악했습니다. 운동 시설 이용자 중 상당수가 단기간에 빠르게 체중 감량하고 몸매가 바뀌는 운동을 희망하기 때문이었습니다. 요가는 꾸준히 하면 속 근육을 채워주면서 체중감량과 예쁜 몸매 라인을 달성할 순 있으나, 빠르게 효과를 볼 수 있는 운동은 아닙니다. 또한 주변에 무척 흔한 것이 요가학원이었습니다. 다른 요가학원에 비해 눈에 띄기 어렵다 보니 수강생들이 할인 행사에 따라 이 학원, 저 학원을 옮겨다니는 일도 적지 않았습니다.

안 강사는 현재 근무하는 요가 학원의 원장과 함께 차별화된 형태의 운동 시설을 기획하고 있습니다. 모델이었던 안 강사의 경험을 살려서 런웨이 워킹 수업을 추가하고, 그 외에도 다른 요가학원에선 보기 어려운 수업을 함께 하는 것입니다. 안 강사는 현직의 경험을 떠올리며 다시 모델 워킹을 연습하고 있습니다.

④ 선택 이후의 변화

꾸준한 수입, 새로운 시도를 해볼 수 있는 환경, 자율성

노년에도 런웨이에 서는 모델이 되고 싶다던 꿈은 안 강사에게 절대적인 목표였습니다. 그 목표가 있었기 때문에 안 강사는 모델 생활이 무척 행복했고, 지금도 좋은 기억만 갖고 있습니다. 하지만 객관적으로 판단하면 수입이 불안정했고, 미래에 대한 불안감이 항상 함께 했다고 합니다. 그에 비하면 요가 강사는 꾸준하게 안정적으로 월급을 받을 수 있다는 점이 큰 장점이었습니다.

또한 학원 원장과 함께 새로운 운동 시설을 기획하고 시도해 볼 수 있는 환경도 무척 마음에 든다고 했습니다. 모델로 활동하던 때는 본인의 의견보다는 다른 사람이 원하는 방식대로 해야 하는 것이 보통이었다고 합니다. 하지만 자신이 원하는 대로 수업을 구성할 수 있고, 자신이 내는 의견을 경청해 주는 원장과 일하는 것이 즐겁다고 했습니다.

⑤ 사례자의 강점

진로탄력성, 일에 대한 적극성

안 강사는 그토록 좋아했고 열심히 일하던 직업을 이른 나이에

포기해야 하는 좌절감을 겪었습니다. 하지만 그때의 경험 덕분에 안 강사는 모델만이 자신의 길이라는 생각을 내려놓을 수 있게 되었고, 다른 길을 찾을 생각도 할 수 있게 되었습니다. 눈앞에 장애가 나타났을 때, 돌아가는 방법을 찾을 줄도 알게 되었습니다. 요가 강사로 근무한 첫 직장이 문을 닫고 막달의 월급마저 받지 못했을 때도 안 강사는 금방 회복하여 다른 일자리를 찾았습니다.

안 강사는 고용된 입장이지만, 학원이 더 많은 수강생을 확보하고, 다른 학원에 비해 경쟁력을 가질 수 있도록 다양한 고민을 함께 하고 있습니다. 그런 적극성 덕분에 원장도 안 강사의 의견을 경청하고, 시도해 볼 의지를 보이는 것으로 생각됩니다.

4. 또 다른 성공 사례들

다음부터 보여드릴 사례들은 제가 직접 수집한 것은 아닙니다. 예전에 한국고용정보원에서 조사하여 발표한 중장년 전직 성공 사례입니다[6]. 퇴사 이전에 본인이 하던 일의 경력과 경험을 잘 살린 사례로, 앞에서 본 한 우물을 파서 성공한 사례와 유사성이 있어서 여기에 제시해 봤습니다.

---

6) 출처: 대한민국 정책 브리핑(2017.10.18.). 인생 이모작 시대… '중장년 전직 성공 사례' 보니.
출처: https://www.korea.kr/news/policyNewsView.do?newsId=148843668
(검색일: 2024.9.13.)

① 보험회사 지점장에서 산업체 강사로

오 지점장(가명)은 50대의 나이로 생명보험회사 지점장으로 재직하다 퇴사한 사람이었습니다. 그는 본인이 계속 일해 왔던 보험 업계보다는 다른 분야로 전직하기를 바랐습니다. 오 지점장은 고용센터의 관련 프로그램에서 취업 컨설턴트의 상담을 받게 되었고, 금융 분야의 전문 지식과 사내 직원 교육 경험, 대인관계 기술 등을 살려 산업체 강사로 취업하는 것을 추천받았습니다. 마이스터고와 특성화고에 현장직 경험이 있는 강사들의 수요가 있는 점을 활용한 것입니다.

취업 컨설턴트는 오 지점장에게 실제로 취업했을 때를 가정하면서 강의계획안을 미리 작성해 보라고 조언했다고 합니다. 오 지점장은 사내 교육 경험을 살려서 계획안을 준비했습니다. 그리고 취업을 원하는 지역의 특성화고 교직원 앞에서 강의계획안을 발표했습니다.

산업체 강사들은 현장성 높은 지식과 경험은 매우 풍부하지만, 교수학습법을 배운 적은 없어 효과적으로 전달하는 데 어려움을 겪곤 합니다. 오 지점장은 이 점을 처음부터 극복해 보였고, 학교 측은 계획안 발표에 만족하여 그를 채용했습니다.

오 지점장의 사례는 한 우물 파던 경험을 잘 살리면서도 다른 분야에서 활용할 방법을 찾아서 재취업에 성공한 사례에 해당합니다. 한 우물을 판다는 것이 꼭 같은 분야에서만 일자리를 찾아야 한다는 의미는 아니라는 것을 보여준 사례이기도 합니다.

② 인사부서에서 교육훈련부장으로

김 과장(가명)은 제과업체의 인사부서에서 20여 년간 일하다 50대 중반의 나이로 퇴직한 사람이었습니다. 김 과장은 어떤 분야에서 재취업을 하고 싶은지, 어떤 일을 하고 싶은지에 대한 목표를 세우지 못하고 있었습니다. 이런 문제로 고용센터의 프로그램에 참여하면서도 구직 활동에 집중하지 못했습니다.

취업 컨설턴트는 김 과장 스스로 본인의 강점을 찾을 수 있도록 직업심리검사를 실시하도록 권했습니다. 그 결과, 김 과장이 사람 중심의 업무를 선호하고, 사회봉사와 교육 분야에 특히 관심이 많으며, 인사 및 노무 관리, 교육훈련 등 인사 분야의 경험이 많은 것을 확인할 수 있었습니다. 김 과장은 검사 결과를 바탕으로 취업 컨설턴트와 상담을 진행했고, 취업 목표를 노인복지 기관이나 직업훈련 기관의 교육행정직으로 정했습니다.

목표가 생기면서 김 과장의 구직 활동은 적극적이고, 능동적으로 바뀌었습니다. 그 결과, 김 과장은 경력과 역량 등의 강점을 살려 복지 관련 단체의 교육훈련부장으로 재취업에 성공할 수 있었습니다.

목표성 없는 구직 활동을 반복하면서, 시간만 허비할 뿐 정작 취업은 하지 못하는 경우가 적지 않습니다. 중장년층뿐만 아니라, 청년층도 마찬가지입니다. 하지만 모든 사람은 목표가 분명할 때, 그 목표를 달성하기 위한 집중력이 높아집니다. 김 과장 역시 목표가 생기면서, 그 목표에 맞는 본인의 강점을 효과적으로 드러낼 수 있었고, 재취업에도 성공할 수 있었던 것으로 보입니다.

③ 전문 자격을 쌓아 정규직 관리소장으로

최 소장(가명)은 공업고등학교를 졸업하면서 바로 취업시장에 뛰어들었고, 50대 초반에 퇴직할 무렵에는 아파트 및 빌딩 시설 관리 업무를 20년 동안 수행해 온 상태였습니다. 최 소장은 직장에 다니는 동안 기능대학에서 전기과를 전공했고, 전기기능사, 보일러시공기능사, 승강기기능사, 방수기능사, 소방설비(전기)산업기사, 건설안전산업기사, 옥외광고사, 빌딩경영관리사 등 관련 자격증을 다수 취득했습니다. 수십년간 매일 2시간을 꼬박꼬박 성실하게 자기 계발에 투자한 결과였습니다.

최 소장은 퇴직 이후, 본인의 직무 전문성을 위주로 이력서와 자기소개서를 작성했고, 아웃소싱 회사에 서류를 접수했습니다. 최 소장과 같은 경력을 가진 사람은 흔치 않았기 때문에 바로 대기업에서 연락이 왔습니다. 최 소장은 기업의 빌딩 관리 소장으로 취업했습니다. 또한 타고난 성실성을 인정받아 본사 소속의 정규직이 되기도 했습니다.

최 소장의 사례는 중장년기 이후에 재취업을 위한 준비를 재직 중에 미리부터 하는 것이 효과적임을 보여주고 있습니다. 어쩌면 최 소장은 50대에 퇴직하는 일 없이, 같은 직장에서 계속 일했을 수도 있습니다. 그랬더라도 최 소장이 가진 다양한 자격이 도움 됐을 것입니다. 무작위로 아무 자격이나 받은 것이 아니라, 본인이 하는 일과 관련이 있는 자격을 체계적으로 찾아서 취득했기 때문입니다. 퇴직 후 재취업을 목표로 하게 되자, 이런 자격증은 한층 더 큰 도움이 되었습니다.

④ 경찰공무원에서 여행사 행정 이사로

이번 사례도 한 우물을 판 경험이 미처 생각지도 못한 다른 분야에서 활용될 수 있었던 것을 보여주는 사례입니다. 하 이사(가명) 경찰공무원으로 일하다가 60대에 정년퇴직했습니다. 이후에는 단기 계약직 형태로 보조 업무를 하고 있었습니다.

하 이사는 정년퇴직한 본인이 할 수 있는 일이 무엇인지 잘 모르는 상태였습니다. 그의 이력서도 학력, 근무처와 근무 기간, 자격증을 단순 나열한 형태였습니다. 경력도 있고, 할 수 있는 직무도 있고, 지식과 경험도 있는데, 그런 강점을 어떻게 조합해서 재취업으로 연결해야 하는지를 몰랐던 것입니다.

하 이사는 우선 어떤 분야를 집중적으로 공략할지를 파악해야 했습니다. 입사 지원서를 작성하는 방식도 그에 맞춰서 수정할 필요가 있었습니다. 그간 하 이사가 해 왔던 직무 영역을 요약한 결과, '경찰 경력 30년의 경호, 보안, 안전관리 전문가'로 정리되었습니다. 이에 맞는 추천 직업은 학교 보안관과 여행사 외국인 출입국 행정사였습니다.

하 이사는 학교 보안관 직에 지원할 때는 청소년 보안 관리, 치안 관련 수상 경험을 강조해 이력서를 작성했습니다. 여행사 행정사 일자리에 지원할 때는 외국인 범죄 관리, 외사 관리 능력을 강조했습니다. 하 이사는 양쪽 직종으로부터 모두 채용 제의를 받았고, 그중 여행사 행정이사직을 선택했습니다.

한 우물에서 같은 우물로, 다른 물길로 이어진 중장년층

이번 장에서 살펴본 중장년층의 사례는 평생 한 우물을 파고 같은 직종에서 머문 경우도 있었지만, 그 경험을 잘 활용하여 새로운 길을 찾아낸 경우도 포함되어 있습니다. 한 우물을 판다는 것이 꼭 하나의 직업에만 집중하는 것이 아니라는 걸 보여주는 것입니다.

같은 직종에 머물렀건, 다른 길을 찾았건 공통적으로 확인되는 특징이 있습니다. 바로 사례자들의 적극성입니다. 새로운 진로를 찾기 이전부터도 성실하고 적극적으로 일했고, 그 이후에도 적극적이었습니다. 경제적인 어려움, 질병과 같은 위기 상황에도 굴하지 않고 꿋꿋한 의지를 보였습니다. 또한 자신의 이익만을 좇아서 일하지 않았습니다. 그런 인성과 태도가 있었기 때문에 새로운 기회를 찾을 수 있었던 것으로 생각됩니다.

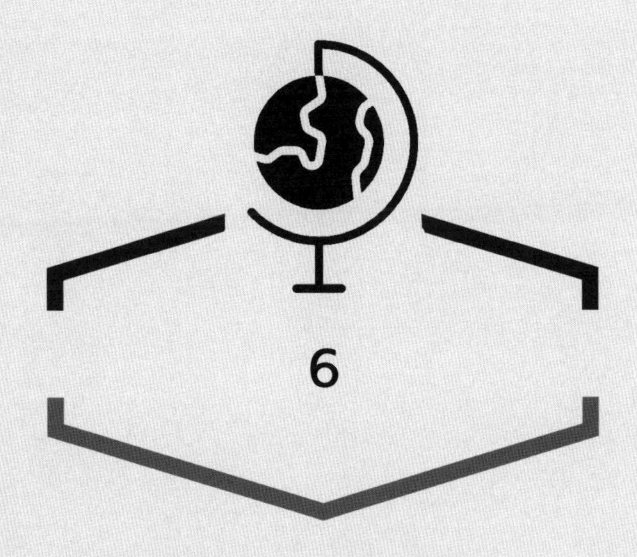

제2 진로도 이제 국제화 시대

앞에서 본 사례들은 모두 국내에서 제2의 진로, 제3의 진로를 찾은 분들을 담고 있었습니다. 이번 장에서는 중장년기에 해외로 진출하여, 새로운 인생을 개척한 분들의 이야기를 살펴보고자 합니다. 첫 사례는 해외 봉사로 시작해서 교수가 되신 분의 이야기입니다.

1. 해외 봉사로 시작해서 외국대학 교수까지

연 교수(가명)는 무척 형편이 어려운 집에서 나고 자랐습니다. 가정 형편상 고졸로 일을 시작했고, 조경관리 분야에서 종사했다고 합니다. 그러다 부모님이 돌아가시면서 혼자 되었을 때, 무작정 한국을 떠나고 싶은 마음에 신청한 해외 봉사 자리를 얻게 되었습니다. 그것이 그에게 새로운 기회가 되었습니다.

① 사례자

연 교수(가명), 50대 후반

② 사례자의 배경

- 조경 관리 부문에서 재직하다가 퇴사
- 가정 경제 수준: 전혀 노후 대비가 되어있지 않았던 상황
- 가족 지원 필요 여부: 부모님이 돌아가시면서 부양할 가족이 사라진 상황
- 평소 관심사: 한국에서 벗어나고 싶다는 생각

연 교수는 고등학교 시절, 대학 입학은 꿈조차 꾸지 못했습니다.

가정형편 상, 연교수가 바로 취업하여 생활비를 보태야 했기 때문입니다. 연 교수는 결혼하겠다는 의지를 내려놨고, 연애도 포기했습니다.

연 교수가 갓 40대가 되었을 무렵, 부모님이 돌아가셨습니다. 연 교수는 더 이상 한국에서 살고 싶지 않았다고 합니다. 어린 시절부터 고생하며 일하던 기억이 워낙 강하게 새겨졌기 때문입니다. 한국에서도 새로운 출발을 하는 사람들이 있지만, 연 교수는 우선 한국에서 떠나고 싶었다고 합니다.

③ 사례자의 선택 ㅣ

해외 봉사

연 교수는 조경 관리 부문에서 오랫동안 일했기 때문에 관련 전문성이 있었고, 민간 자격이지만 자격증도 갖고 있었습니다. 그 점을 내세워서 해외의 비영리 기관을 통해 해외 봉사를 신청했고, 기회를 얻게 되었습니다. 해외 봉사를 신청할 당시, 연 교수의 영어 실력은 제한적이었습니다. 다만 고등학교 시절, 영어 과목을 무척 좋아했었습니다. 신청 결과를 기다리는 동안, 연 교수는 영어 회화 학원에 등록했고, 원어민 강사를 적극적으로 따라다니며 영어를 배웠습니다. 덕분에 토막 난 단어로 말하는 수준이었지만 본인의 의사 표현을 할 수 있게 되었고, 상대방의 말도 이해할 수 있게 되었습니다.

④ 선택 이후의 변화 I

성실하게 일한 덕분에 정식 취업

해외 봉사활동이 시작된 뒤, 연 교수는 무척 적극적으로 일했습니다. 다른 봉사자들이 시간만 끝나면 바로 자리를 떴으나, 연 교수는 조금이라도 더 깔끔하게 하던 일을 마무리하려고 노력했습니다. 다른 봉사자들이 은근슬쩍 자기의 일을 떠넘겨도 연 교수는 불평불만을 갖지 않았습니다.

관리자들은 성실하게 일하는 연 교수를 무척 좋게 보았습니다. 연 교수의 봉사활동 비자가 만기되자, 정식 취업을 제안했고, 연 교수가 취업 비자를 취득할 수 있도록 기꺼이 복잡한 서류 작업을 진행해 줬습니다.

연 교수의 언어 실력은 점점 향상했고, 결국 대학지원을 할 수 있을 만큼의 영어 성적을 달성했습니다. 연 교수는 한국의 고등학교에 연락하여 성적 증명서를 전달받았고, 고등학교 성적과 20년가량 현직에서 일한 경력을 인정받아 관련 분야의 파트타임 학사 과정에 입학할 수 있었습니다. 40대의 나이로 대학에 가지 못했던 서러움을 풀었다며 연 교수는 웃었습니다.

⑤ 사례자의 선택 II

학사, 석사, 박사 학위 취득

연 교수가 대학에 입학하자, 고용주는 강의에 참석할 수 있도록 근무 일정을 조절해 줬다고 합니다. 연 교수가 계속 성실하게 일할 것이라는 신뢰가 있었기 때문입니다.

고용주의 배려와 함께 대학에 입학한 연 교수는 공부가 그렇게 즐거울 수 없었다고 합니다. 일과 공부를 병행하기가 쉽지는 않았지만, 본인의 의지와 주변의 지지로 무사히 학사 학위를 마칠 수 있었습니다. 연 교수는 석사 학위에도 도전해 보고 싶다고 생각하게 되었고, 고용주는 이번에도 배려를 해줬습니다. 고용주의 배려가 계속된 것을 보면, 연 교수가 학사 학위 과정을 들으면서도 계속 성실하게 일한 것으로 생각됩니다.

연 교수는 파트 타임으로 석사 학위를 마쳤습니다. 일은 계속 풀타임으로 하면서 학위를 했기 때문에, 석사 학위를 받을 때쯤에는 영주권 신청 기준을 충족한 상태였습니다.

연 교수는 무사히 영주권을 받았습니다. 그리고 연 교수의 성실성을 눈여겨본 교수 덕분에 장학금을 받으며 박사 과정을 시작하게 되었습니다. 박사 과정을 시작한 연 교수는 더 이상 직장에서 풀타임으로 일할 수가 없었습니다. 하지만 고용주에 대한 고마움으로 파트타임으로 일을 계속했다고 합니다.

“

⑥ 선택 이후의 변화 II

대학 강의 시작, 박사 졸업 후 전업 강사 자리 제안

”

박사 과정 중에도 지도 교수는 연 교수에게 강의 기회를 줬습니다. 강의를 진행하면서 발음이 한국적인 연 교수를 조롱하는 현지인 학생도 있었습니다. 연 교수는 그런 상황에 자괴감을 느끼기도 했으나, 지도 교수의 위로로 극복할 수 있었다고 합니다.

이런 우여곡절을 겪으며 연 교수는 박사 학위를 마쳤고, 지도 교수는 연 교수가 풀타임 강사 자리를 확보할 수 있도록 적극적으로 추천했습니다. 40대에 처음 외국 생활을 시작하여, 50대 후반에 "교수"가 된 것입니다.

⑦ 사례자의 강점

도전정신, 성실성, 본인의 강점을 잘 활용하는 역량, 끝없는 학습 의욕, 대인관계 역량

연 교수의 강점은 그의 도전정신과 성실성에 있습니다. 40대의 나이에 전혀 알지 못하는 새로운 나라로 이민을 가는 것은 결코 쉬운 일이 아닙니다. 하지만 연 교수는 과감하게 자신이 보유한 기술을 내세워 해외 봉사의 기회를 얻었고, 성실하게 일하면서 주변의 호의를 얻었습니다. 자신이 받은 호의는 갚을 줄 알았습니다. 그런 장점들이 쌓이면서 연 교수를 도우려는 사람들이 많아졌고, 결국 그 나라에서 교수로 정착하게 된 것입니다.

연 교수의 연령을 고려할 때, 교수로 활동할 수 있는 시간은 결코 길지 않습니다. 하지만 연 교수는 교수라는 위치에 설 수 있었

던 것 자체만으로도 만족스럽다고 합니다. '은퇴하는 날까지 한결같이'를 좌우명으로 연 교수는 오늘도 성실하게 학생들을 가르치고, 연구하고 있습니다.

2. 해외 봉사로 시작해서 정식 직원으로

민 과장(가명)의 사례도 연 교수처럼 해외로 봉사활동을 나갔다가 정식 직원이 된 경우입니다. 민 과장은 국내 기업에서 야근에 시달리며 일하다가 더 이상 견디지 못하고 퇴사했고, 쉬는 동안 경력 단절을 피하기 위해서 봉사활동을 다녔습니다. 너무 지쳐있었기 때문에 다른 회사에 다닐 엄두는 나지 않았으나, 봉사활동이라도 한 증빙이 있다면 경력 단절이 되진 않을 거라고 생각했습니다. 그렇게 시작한 봉사활동이 그에게 새로운 기회를 주었습니다.

① 사례자

민 과장(가명), 40대

② 사례자의 배경

- 퇴직 전에 한 회사의 온갖 행정업무를 담당
- 가정 경제 수준: 모아둔 돈이 있긴 하지만 노후 대비가 되었다고 보긴 어려운 상황
- 가족 지원 필요 여부: 손위 형제와 함께 부모님 생활비를 지원하던 상황
- 평소 관심사: 없음

민 과장은 작은 회사에서 노무, 재무 등 온갖 행정을 담당하고 있었습니다. 같은 규모인 다른 기업에서도 최소한 서너 명의 담당자를 두고 하는 업무였지만, 민 과장이 근무하던 회사에서는 그 일을 모두 민 과장에게 몰아주었습니다. 민 과장이 어떻게든 일을 해내면서 사장은 다른 직원을 충원해야 한다는 생각은 하지도 않았습니다. 연봉은 제법 넉넉하게 받고 있었지만, 매일 야근은 당연한 일이었습니다. 민 과장은 신체적으로도, 정신적으로도 심각하게 소진되는 것을 느꼈습니다.

민 과장은 건강상의 이유로 사표를 제출했고, 사장은 병가를 쓰게 해줄 테니 몇 주 쉬고 오라고 했습니다. 민 과장은 이미 회사에 오만 정이 떨어졌기 때문에 복직할 생각이 없었습니다. 사장은 새로운 사람을 구할 테니 인수인계가 끝날 때까지만 계속 근무해달라고 했습니다. 민 과장이 승낙하자 사장은 사람을 구하는 척하며 민 과장의 퇴사일을 차일피일 미뤘습니다. 민 과장은 결국 혼자 야근하다가 쓰러졌고, 뒤늦게 발견되어 응급실에 실려 갔습니다. 생명이 위험할 수도 있었던 상황이었습니다. 사장은 문제의 심각성을 깨달았는지 민 과장의 사표를 수리해 주었습니다.

민 과장은 무조건 몇 달간은 쉬겠다고 결심했습니다. 하지만 천성이 부지런하고 성실한 그가 마냥 쉬는 것은 불가능했습니다. 민 과장은 모 복지 기관에 봉사자로 등록했고, 매주 봉사활동을 했습니다. 나중에 재취업할 때, 경력이 오래 비게 되는 것을 피하기 위해서였습니다.

민 과장의 성실함은 복지 기관에서도 눈에 띄었고, 마침 그곳과

연계된 해외의 기관에서 봉사자를 찾고 있었습니다. 복지 기관의 직원은 민 과장에게 그 자리에 지원해 볼 것을 권했습니다. 민 과장은 처음에 외국어 실력이 부족하다며 거절할 생각이었습니다. 부모님을 계속 지원해야 한다는 의무감도 있었고, 해외에서 살아본 적도 없으며, 슬슬 재취업을 생각하고 있었기 때문이었습니다.

하지만 국내 구인 광고를 살펴보다가 갑자기 속이 울렁거리고, 식은땀이 나는 것을 느꼈습니다. 숨이 막히면서 온몸이 덜덜 떨리기까지 했습니다. 전 직장에서 겪었던 과중한 업무가 그에게 트라우마로 남았고, 다시 일할 생각을 하는 것만으로도 그때의 트라우마가 자극되었던 것입니다.

③ 사례자의 선택

해외 봉사

민 과장은 차라리 해외에서, 전혀 다른 환경에서 일해 봐야겠다는 생각을 하게 되었다고 합니다. 해외 봉사활동이라면 좋은 경력이 될 수 있을 것이라는 계산도 있었습니다. 부모님께는 머리를 식힐 겸 해외에서 한동안 봉사활동을 하고 올 생각이라고 말씀드렸습니다. 부모님도 민 과장이 과로로 쓰러졌던 일로 충격을 받으신 끝이기 때문에, 민 과장의 선택을 반대하지 않으셨다고 합니다. 민 과장은 추천받은 대로 해외 기관의 자리에 지원했고, 몇 달간의 준비

기간 끝에 해외로 나가게 되었습니다.

④ 선택 이후의 변화

스타 봉사자 대우, 정식 일자리 제안

한 조직의 잡다한 행정을 모두 처리해 본 민 과장은 해외로 나가서도 스타 봉사자가 되었습니다. 어떤 행정업무를 맡겨도 번역기의 도움을 받아 빠르게 처리해 냈기 때문입니다. 민 과장 스스로는 여유 있게 일하고 있다고 생각했으나, 현지인들은 민 과장 혼자 열 사람 몫을 한다며 감탄했습니다. 잔뜩 밀려있던 행정 서류가 민 과장 덕분에 순식간에 처리되었기 때문입니다.

민 과장의 봉사자 비자가 만료되어 갈 무렵, 현지 기관은 관리자 직급의 정식 일자리를 제안했습니다. 급여는 높지 않았지만, 현지에서 소박하게 생활할 수 있는 수준은 되었습니다. 다만 부모님 생활비를 지원하기는 어려웠습니다. 민 과장은 고민하다가 부모님에게 연락했고, 부모님은 민 과장이 행복할 수 있는 일을 하라고 조언하셨습니다. 그동안 민 과장이 보냈던 용돈 중 일부를 떼어 모아 둔 통장도 보여주셨습니다.

부모님 덕분에 민 과장은 더 이상 고민하지 않을 수 있었습니다. 현지 일자리 제안을 받아들였고, 정식으로 취업비자를 발급받았습니다. 민 과장은 몇 년간 일하면 영주권을 신청할 수 있을 것이라며, 현지에 정착하려는 의지를 보이고 있습니다.

⑤ **사례자의 약점**

성실성, 문제 해결 능력, 트라우마 극복, 미지의 영역에 대한 도전정신

민 과장의 성실성과 문제 해결 능력은 이전에 근무하던 회사에서 부당할 만큼 과도하게 맡기던 일을 모두 해낸 것에서부터 바로 확인할 수 있습니다. 해외로 봉사활동을 나간 뒤 언어적 한계를 극복하고 현지인이 감탄할 속도로 일을 처리해 낸 점에서도 볼 수 있습니다.

민 과장이 해외 봉사를 선택하게 된 배경에는 도저히 한국의 직장에서 더 이상 일할 수 없을 것만 같은 심리적 문제가 있었습니다. 민 과장과 같은 트라우마를 겪는 한국 사람들은 생각 외로 적지 않습니다. 그들 중에는 니트(NEET)족 또는 은둔형 외톨이(히키코모리)가 되는 경우도 있습니다. 그만큼 한국의 직장은 노동자에게 고통스러울 수 있는 것입니다.

민 과장은 그런 트라우마를 겪으면서도 새로운 기회를 찾았습니다. 국내에서 성실하게 봉사활동을 했고, 그 덕분에 해외에서 해외 봉사활동을 하게 됐으며, 해외 이민과 정착의 기회가 코 앞까지 다가왔습니다. 민 과장이 바라는 대로 그가 꼭 현지의 영주권을 받고 정착할 수 있길 바랍니다. 또한 민 과장처럼 뛰어난 인력들이 회사에서 고통스럽게 소진되지 않도록, 우리나라의 전반적인 직장 문화가 개선되길 바랍니다.

3. 나는 뻬루아노 맘보

마지막 사례는 바로 제 당숙인 분의 이야기입니다. 저희 당숙(아버지의 사촌 동생)은 현재 페루 리마에 거주 중이십니다. 학사 때는 기계 공학, 석사 때는 생산 공학, 박사 학위로 항공 공학을 전공하셨고, 오랫동안 대기업에서 근무하셨습니다. 정년 퇴직 후에는 중소기업 대표로 재직하시기도 했고, ODA[7] 원조 사업을 통해 해외 자문관으로 페루에 파견을 나가시게 되었습니다. 그리고 현재는 페루에서 거주하고 계십니다.

당숙이 맘보(Mambo)라는 별명을 쓰시게 된 이유는 예전에 페루에서 배구 감독으로 유명했던 박만복 씨의 별명이 맘보였고, 당숙의 성씨도 '박'이라 페루인들이 자꾸 맘보라고 불러서였다고 합니다. 이젠 스스로 맘보라는 별명을 적극적으로 사용하고 계십니다. 저도 이후부터는 당숙을 맘보라고 일컬으며 사례를 소개하도록 하겠습니다.

7) Official Development Assistance: 개발도상국이 스스로 자립할 수 있도록, 그들의 경제개발과 복지 증진을 위한 경제적 자원의 공적 이전

① 사례자

맘보(가명), 60대

② 사례자의 배경

- KT 정년퇴직 후, 중소기업 대표로 활동
- 가정 경제 수준: 현재 국민연금으로 페루에서의 생활비 충당 가능
- 가족 지원 필요 여부: 배우자도 경제생활 중이며 지원이 필요한 가족은 없는 상태
- 평소 관심사: 깊이 탐구하고, 다양하게 탐구하는 것

맘보는 학사 학위로 기계 공학을 전공하고, 석사 학위를 KAIST에서 생산 공학으로 전공했습니다. 또한 미국의 텍사스 오스틴 대학에서 항공 공학으로 박사 학위를 받았습니다. 이후 KT에서 약 30년간 근무하면서 품질보증(Quality Assurance) 업무부터 통신위성, 연구소 근무(통신망, 터널링 장비 개발), 신재생 에너지, 에너지 절감 등 다양한 분야의 일을 경험했습니다. 당시에 회사를 다니면서 방송통신대학 중문학과에서 중국어를 전공하기도 했습니다.

맘보는 2014년에 KT에서 퇴직한 이후에는 중소기업에서 대표로 재직하며, 지열 에너지 관련 사업을 추진했습니다. 당시 중국 장비 업체와 협력하는 일이 많았는데 중국어를 배워뒀던 것이 많은 도움이 되었다고 합니다. 그러다가 우리나라에서 중저소득국을 대상으로 시행하는 원조 사업 중 해외 자문관 파견 프로그램에 대해 알게 되었습니다.

③ 사례자의 선택

해외 자문관 파견

맘보는 2018년에 해외 자문관 파견 프로그램에 도전했습니다. 국내에서 더 일할 수 있는 나이였지만, 기왕이면 한 살이라도 젊을 때, 그리고 감수성이 더 풍부하고 새로운 것에 대한 도전이 두렵지 않을 때에 참여하고 싶었다고 합니다. 타고나길 모험심이 있었기 때문에 가능한 선택이었을 것으로 생각됩니다.

맘보에게는 대상 국가를 선택하는 것부터 무척 즐거운 과정이었다고 합니다. 동남아, 동유럽, 아프리카, 중남미, 태평양 섬나라 등등 여러 지역을 두고 고민했고, 결국 남미를 선택했습니다. 그 이유는 해외 출장이나 여행을 많이 다녀봤지만, 스페인어 문화권인 남미는 가본 적이 없었기 때문입니다. 미국에서 5년간 박사 학위를 위해 체류했지만, 정작 학위 공부를 하느라 바빠서 텍사스 바로 남쪽에 있는 멕시코도 가보지 못했다고 합니다. 이런 이유 때문에 가보지 못했던 남미가 더욱 끌렸던 것입니다[8]. 맘보는 남미의 여러 국가 중 공감력(empathy)과 이해도(tolerance) 지수가 높은 에콰도르와 페루를 두고 고민하다가, 최종적으로 페루를 선택했습니다. 그리고 2019년 1월 페루에 정보통신 자문관으로 파견을 나오게 된 것

8) 맘보와 제가 같은 피로 이어졌다는 것을 여기서 느낍니다. 저도 가본 곳보다는 가보지 않았던 지역이 항상 더 끌리기 때문입니다.

입니다.

맘보의 지인들은 딱히 맘보를 걱정하거나 말리지는 않았다고 합니다. 걱정하는 것도 남미에는 맘보가 좋아하는 막걸리가 없을 텐데 하는 정도의 반응이었습니다. 그만큼 지인들도 맘보의 도전정신과 성향을 잘 알고 있었던 것으로 생각됩니다. 다만 한국인에게 전혀 익숙지 않은 남미로 간다고 하니 신기하게들 생각했다고 합니다. 또한 일부 부러워하는 지인도 있었습니다.

자문관 첫해에 맘보는 페루에 대해 여러 가지를 경험하고 배웠습니다. 페루인들에게 데이터 센터 설립과 운영에 대한 조언과 자문 역할을 수행하기도 했습니다. 2020년에는 전 세계적인 코로나 사태로 3월에 한국으로 철수 명령이 떨어졌지만, 한국으로 돌아가지 않았습니다. 페루에서 전쟁이 난 것도 아니고 코로나는 한국도 마찬가지였으므로, 페루에 머물러서 역할을 이어가겠다고 생각했다고 합니다.

●● 맘보와 배우자의 저서

맘보는 페루에 머물면서 페루 내 유명 여행지를 심층적으로 여행했고, 그 경험을 바탕으로 '남미? 페루부터 가보자!'라는 책을 쓰기도 했습니다. 보편적인 가이드북이 아니라, 페루의 역사와 문화, 페루인들의 풍습, 페루에서의 생활을 상세하게 담은 책입니다. 맘보의 도전정신과 탐구정신이 결합되어 만들어진 성과로 볼 수 있습니다.

맘보는 자문관직이 끝난 이후에도 한국과 페루 공대(UNI)가 수행하는 프로젝트의 프로젝트 매니저로 일하다가, 페루 공대의 교수로 선발되어 졸업반 학생들에게 강의를 하기도 했습니다. 다만 현재는 강의를 중단했고, 생활 속의 여유를 즐기면서 중남미 여행을 계획하고 있습니다.

④ 선택 이후의 변화

만족스러운 삶의 질과 여유

맘보는 자문관으로서 다른 나라를 선택하지 않고 페루로 오게 된 것을 아주 큰 행운이라고 생각하고 있습니다. 페루 리마의 기후 특성상 살기가 아주 좋기 때문입니다. 리마는 훔볼트 해류의 영향으로 연중 온도 변화가 적어서 겨울에도 춥지 않고 여름에도 크게 덥지 않습니다. 맘보가 페루에서 경험한 기온이 겨울 최저 12도, 여름 최고 29도라고 하니 살기 좋은 건 확실해 보입니다. 맘보는 중남미의 다른 곳에서 살아보려는 생각도 하고 있지만, 결국에는 리마로 다시 돌아오게 될 것 같다고 합니다. 그만큼 리마에서의 생활에 만족하고 있는 것입니다.

페루의 물가는 한국에 비해 훨씬 싸고, 식재료가 풍부합니다. 맘보가 받는 국민연금으로 페루에서의 월 생활비와 집세를 충당하고 도 남는다고 합니다. 물론 맘보의 절약 정신도 한몫한다고 생각됩니다.

맘보는 한국의 가족이나 친구들과는 카톡이나 영상통화로 소통하고 있기 때문에 별다른 그리움을 느끼지 않는다고 합니다. 페루의 한국 교민들과도 때때로 모임을 하고, 페루 주민들과도 잘 어울리고 있습니다. 맘보가 사는 동네에는 잘 가꿔진 공원들이 아주 많아서, 꽃과 나무를 좋아하는 맘보에게 또 다른 행복을 주고 있습니다. 중장년기 이후에 해외 생활을 시작한 분 중 적지 않은 수가 고립감이나 한국에 대한 향수로 힘들어하는데, 맘보는 기본적인 성향부터 해외 생활에 잘 맞춰져 있는 듯합니다.

⑤ 사례자의 강점

새로운 환경에 대한 도전정신과 적응력, 탐구력과 의욕

맘보는 매일 틀에 박힌 일을 하기보다는 새로운 환경에서 스스로에게 도전거리를 줄 수 있는 일을 하는 걸 좋아한다고 합니다. 누군가의 지시를 받고 하는 것이 아니라 스스로 선택해서 하는 일이었기 때문에 책임감도 수반되었고, 그만큼의 성취감과 행복감을 누리고 있기도 합니다. 페루에 잠시 손님이나 방문객으로 온 것이 아니라, 페루아노(페루인)가 되었다는 생각으로 페루에서의 삶을 시작했기 때문에 한층 더 적극적으로 현지의 문화와 사회에 적응할 수 있었던 것으로 보입니다.

페루에 거주하면서 페루를 속속들이 여행한 점은 새로운 분야에 대한 맘보의 탐구 역량과 의욕도 보여줍니다. 현대 사회에서는 어떤 상황에 부닥쳤건 간에 관련된 정보를 얼마나 보유하고 있는가가 주요 성공 요인으로 작용합니다. 맘보는 그런 정보를 몸으로 직접 부딪치며 얻어냈고, 그 결과를 정리해서 책으로 출간하기도 했습니다. 맘보는 설령 다른 나라로 옮겨가더라도 마찬가지로 그 나라에 잘 적응하며, 탐구 정신을 발휘할 것으로 기대됩니다.

맘보는 중장년기에 새로운 진로를 찾으려 하는 사람들에게 이런 조언을 남겼습니다.

"사람마다 생각하는 방향이 다르고 행복을 느끼는 방식이 다르기 때문에 조언하는 것이 얼마나 소용이 있을지는 모르겠지만, 그래도 세상은 넓고 보고 느낄 것이 많으니 한국 밖의 세상 구경도 하고 가능하면 몇 달 또는 그 이상이라도 살아보길 권한다. 그렇게 하기 위해서는 그 나라의 언어 배우는 걸 두려워하지 말아야 한다. 언어 구사가 어느 정도 돼야 여행도 재미있고 현지인들과 함께 살아가는 재미도 있기 때문이다. 나는 한국인이라는 생각보다는 '지구인'이라고 생각하며 살고 있다. 지구 어디에서나 내 맘에 들면 거기가 내 나라이고 내 집이 될 수 있기 때문이다."

해외로도 진출하는 우리의 중장년층

이번 장에 해당하는 사례를 찾기가 쉽지는 않았습니다. 중장년기에 개발도상국으로 투자이민을 간 사람들의 사례는 비교적 흔한 편이지만, 그중에서 현지에 잘 적응하고 만족하는 사람들을 찾는 것이 어려웠기 때문입니다. 초반에는 만족했어도, 현지인과는 잘 교류하지 못하고, 한인회는 활발하지 않아 외로움을 느끼다가 귀국하는 분들이 적지 않았습니다. 그만큼 중장년층에게 해외 진출의 벽이 높다는 의미일 것입니다.

해외로 나가는 것이 국내에 머무는 것보다 꼭 좋은 선택인 것은 아닙니다. 하지만 국내 체류만 전제할 때보다 더 많은 선택지를 제공해 주는 것은 사실입니다. 잘 준비하고 잘 적응한다면 국내보다 해외 생활의 만족도가 더 높을 수도 있습니다. 이번 장에서 본 3명의 사례자 모두가 그랬듯이 말입니다.

본 장의 사례자들은 공통적으로 해외로 나가기 전에 사전에 충분한 정보를 확보했고, 현지에 나가서는 적극적으로 활동하고 현지인과 교류하는 모습을 보였습니다. 해외 진출에 성공한 중장년층의 이런 면모는 중장년기뿐만 아니라, 어느 시기에 해외 이민을 준비하는 사람이건 참고할 수 있는 모습이라고 생각됩니다.

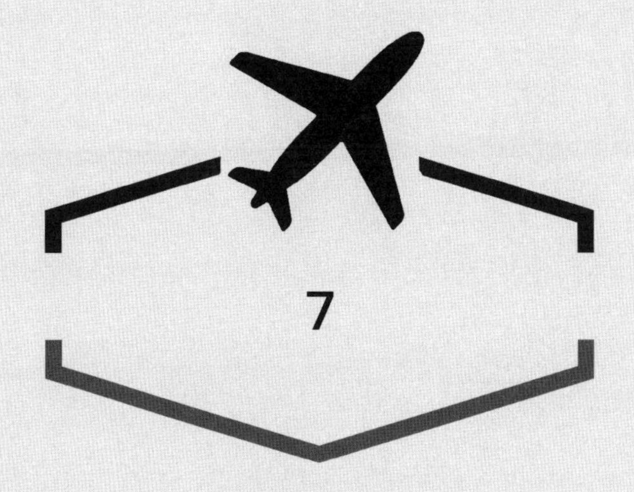

외국인의
제2 진로 찾기

중장년기에 새로운 진로를 찾아야 하는 것은 우리나라 사람들만이 아닙니다. 1장에서 본 아베 차장처럼 외국인들도 중장년기 이후 계속 같은 직장에 머무르기 어려운 상황을 경험하곤 합니다. 이번 장에서는 그들이 어떻게 새로운 진로를 찾고 있거나, 준비하는지 관련된 사례를 얘기해 보려고 합니다. 우리와는 다른 문화권에 있으며 가치관도 다른 만큼, 쉽게 상상하지 못할 사례도 포함되어 있습니다.

1. 영어 교사 출신의 게스트하우스

첫 사례자인 진 씨(가명)는 제가 대만 여행을 갔을 때 만난 사람입니다. 원래는 영어 교사였다가 은퇴하면서 외국인을 대상으로 하는 게스트하우스를 열게 되었습니다. 생각 이상으로 게스트하우스가 성공하면서, 두 번째 지점을 여는 것을 고민하고 있었습니다.

① 사례자

진 씨(가명), 60대

② 사례자의 배경

- 영어 교사로 재직하다가 은퇴
- 가정 경제 수준: 연금이 있으나 생활 수준의 유지를 위해 약간의 보조 수입이 필요한 상황
- 가족 지원 필요 여부: 자녀 독립, 배우자와 함께 생활
- 평소 관심사: 해외여행

진 씨는 오랫동안 영어 교사로 일해 왔습니다. 영어에 능통한 만큼 해외 곳곳을 여행하는데도 두려움이 없었습니다. 배우자 역시 비슷한 성향을 갖고 있었으므로, 진 씨와 배우자는 젊은 시절 종종 함께 배낭여행을 즐겼습니다. 하지만 나이가 들면서 직접 여행을 가는 일은 점점 줄어들었습니다.

교사 자리에서 은퇴한 이후, 진 씨는 남편과 함께 추가 수입을 낼 수 있는 방법을 고민하게 되었습니다.

③ 사례자의 선택

게스트하우스 운영

진 씨와 배우자의 선택은 외국인을 대상으로 하는 게스트하우스를 운영하는 것이었습니다. 진 씨가 영어에 능숙하다는 점, 부부가 함께 여행한 경험이 많다는 점이 그들의 선택에 도움을 준 것으로 짐작됩니다.

부부는 교통이 편리한 곳에 위치한 다소 낡은 집을 세 냈습니다. 집 내부를 화려하게 단장할 필요는 없었기 때문에 벽을 새로 하고, 전등을 깔끔한 것으로 교체하고, 샤워기를 교체하는 정도로 수리를 진행했습니다. 중고 시장을 통해 낡았지만 튼튼한 가구를 저렴하게 사들였고, 표면을 새로 칠했습니다. 남편의 손재주가 좋은 것이 도움이 되었다고 합니다.

진 씨는 국제적인 호텔과 호스텔 사이트에 게스트하우스를 등록했습니다. 인근 지역의 다른 게스트하우스를 참고해서 약간 저렴한 가격에 방을 내놨습니다.

④ 선택 이후의 변화

기대 이상으로 인기를 얻은 게스트하우스

진 씨는 방문하는 외국인들에게 친절하게 대응했습니다. 인근 지역의 여행 정보를 잘 알려줬고, 도움이 필요한 방문객에게는 기꺼이 도움의 손길을 내밀었습니다. 진 씨의 게스트하우스는 호텔 사이트에서 좋은 평을 얻었습니다. 평이 달릴 때마다 진 씨는 정성어린 답글을 달았습니다. 내부가 화려하진 않지만 깔끔하고 저렴하고 교통이 편하다는 점, 무료로 깨끗한 수건을 제공한다는 점, 주변에 저렴하고 맛있는 현지식 식당이 여럿 있다는 점이 큰 장점이었습니다.

진 씨와 남편 모두 깔끔한 성격의 소유자였기 때문에 방문객이 퇴실할 때마다 깨끗하게 청소했습니다. 새로운 방문객이 입실할 때는 깨끗한 시트를 내주고 직접 깔도록 하여 청결함을 보장했습니다. 저녁이 되면 진 씨 또는 남편 중 하나가 게스트하우스의 거실에 머물며 방문객에게 차를 대접하고 대화를 나누는 시간을 가졌습니다. 진 씨는 직접 영어로 대화하고, 남편은 번역기를 사용했습니다다. 남편은 번역기를 쓰면서도 오히려 진 씨보다 더 방문객과 소통을 잘한다는 것이 진 씨의 말이었습니다.

방이 비어있는 날이 드물어지면서 진 씨와 배우자는 정기적으로 지역 내 야시장을 함께 방문하는 투어를 계획했습니다. 최소한의 비용만을 받으면서 방문객들을 야시장까지 데려다주고, 다시 정해진 시간에 숙소로 데려와 주는 서비스 투어를 운영한 것입니다.

게스트하우스가 생각보다 성공하면서 진 씨와 배우자는 2호점을 계획하게 되었습니다. 유럽을 여행 다니면서 숙소에서 젊은 여행객에게 무료 숙박을 제공하고 봉사직처럼 일하게 하는 것을 봤고, 진 씨 역시 같은 방식을 생각하고 있다고 했습니다.

⑤ 사례자의 강점

젊은 시절에 여행을 다녔던 경험과 본인이 가진 강점 적극 활용, 선택한 진로와 관련하여 필요한 핵심 요소 파악

진 씨는 젊은 시절 여행을 다니며 봤던 게스트하우스의 운영 방식을 적극적으로 활용했습니다. 영어 교사였던 만큼 외국인과 소통이 능통하다는 점도 마찬가지로 강점이 되었습니다.

대만은 코로나 직전에 연간 방문객이 1천만을 넘어섰을 만큼 방문하는 여행객이 많은 나라입니다. 하지만 현지인이 운영하는 저렴한 게스트하우스나 식당에서는 의외로 영어로 소통하기가 어렵기도 합니다. 진 씨와 배우자는 그 점을 잘 파고든 것으로 보입니다.

게스트하우스처럼 많은 사람이 드나드는 사업장을 운영할 때는 친절뿐만 아니라 청결 유지가 무척 중요합니다. 자칫 빈대라도 서식하게 되면 숙소 전체와 이후의 방문객이 계속 영향을 받게 되기 때문입니다. 아무리 친절한 게스트하우스라도 빈대를 언급하는 리뷰가 있다면 방문객의 입장에선 꺼려질 수 밖에 없습니다. 진 씨와 배우자 모두 깨끗한 걸 좋아하는 부지런한 성격이라 숙소의 청결에 꾸준히 신경을 썼고, 위생과 관련한 문제는 전혀 후기에 언급되지 않고 있습니다.

2. 6개월은 근로자, 6개월은 자유

아이리스(가명)는 제가 헝가리 여행 중 만난 사람으로 하나의 진로를 내려놓지 않은 상태에서 새로운 진로를 확장하고 있는 사람이었습니다. 미래의 진로에 대해 저와 비슷한 가치관을 가진 사람이라서 무척 흥미롭기도 했습니다.

① 사례자

아이리스(가명), 50대

② 사례자의 배경

- 관광지 주변의 레스토랑 매니저로 재직 중 인건비 부담으로 인해 정리해고 위기
- 가정 경제 수준: 새로운 일자리를 찾지 않아도 생활 수준을 약간만 낮추면 유지 가능했던 상황

• 가족 지원 필요 여부: 자녀 독립, 부양해야 할 가족 없음
• 평소 관심사: 동종요법, 전통적 요리 기법 등

아이리스는 관광지 주변 고급 레스토랑의 매니저였습니다. 아이리스는 오랫동안 성실하게 일해 왔고, 경력을 쌓았으며, 그만큼 연봉도 높았습니다. 코로나로 인해 레스토랑의 매출이 크게 하락하면서 사용자는 정리해고를 고민했습니다. 하지만 아이리스의 관리 능력이 뛰어났고, 평소 일할 때 열성적으로 일했기 때문에 쉽게 정리해고를 결정하지 못했습니다.

사용자의 고민을 알게 된 아이리스는 매년 성수기인 6개월만 일하겠다고, 비수기에는 무급 휴직을 하게 해달라고 제안했다고 합니다. 비수기에는 손님이 많지 않기 때문에 아이리스가 자리를 지키지 않아도 다른 직원들만으로 충분히 감당할 수 있기 때문이었습니다.

또한 아이리스가 거주 중인 영국에는 '0시간 계약(zero hour contract)'라는 제도가 있습니다. 계속 고용 유지는 하지만, 업무량에 따라 사용자가 직원의 근무 시간을 줄일 수 있도록 하는 제도입니다. 허용 범위가 주간 0시간도 되기 때문에 '0시간 계약'으로 불리는 것입니다. 풀타임으로 채용했던 직원도 이렇게 짧은 시간만 근무하거나 아예 근무하지 않도록 할 수 있습니다. 직원은 근무 시간이 짧거나 없는 기간에는 다른 사업장에 두 번째, 세 번째 일자리를 얻어 일할 수 있습니다. 노동시장을 무척 유연하게 해주는 제도인 것입니다.

때론 이 제도가 악용되기도 합니다. 하지만 아이리스에게는 맞춤

형의 제도였습니다. 인건비는 부담되지만 아이리스를 보내고 싶지 않았던 사용자는 흔쾌히 승낙했습니다. 아이리스의 자녀들은 이미 성인이고 독립했기 때문에 아이리스의 선택을 지지해 줬습니다.

③ 사례자의 선택

새로운 기술 습득과 여행

6개월의 휴식기가 돌아올 때마다 아이리스는 새로운 기술을 배우는 과정에 등록했습니다. 처음에 배운 기술은 순수하게 흥미 있어서 선택한 에일 양조(ale brewing)이었습니다, 그 다음은 본격적으로 미래에 하고 싶은 직업을 위한 과정을 배웠습니다. 바로 원예치료사(horticultural therapist) 과정과 동종요법(homeopathy) 과정이었습니다. 레스토랑 업무에서 완전히 은퇴하게 되면, 원예치료사를 주 직업으로 하고 동종요법을 병행하는 것이 아이리스의 계획입니다.

아직 공부하던 과정을 마치진 못했지만, 그동안 너무 일과 공부만 해왔다고 느낀 아이리스는 이번 휴식기에 진짜 휴식을 하기로 했습니다. 아이리스가 선택한 휴식은 여행이었습니다. 6개월간의 여행 경비는 성수기 6개월간 일하면서 모은 돈만으로 충당하고, 그 전에 모아 둔 돈은 최대한 그대로 남겨두고 싶었기 때문에 항공권과 물가가 저렴한 지역을 선택했습니다. 그렇게 선택한 지역이 동유럽이었고, 마침 같은 시기에 헝가리에 있었던 저와 만나게 된 것입니다.

④ 선택 이후의 변화

미래가 준비되었다는 안정감, 되찾은 삶의 즐거움

아이리스는 앞으로 레스토랑에서 일할 수 있는 날이 얼마 남지 않았음을 안다고 했습니다. 하지만 레스토랑을 그만둔 다음에도 선택할 수 있는 길을 만들어놨기 때문에 불안하지 않다고 했습니다.

또한 아이리스는 과거 12개월치 급여를 받던 시절의 소비 습관을 내려놓고, 좀 더 저렴하고 경제적인 소비를 하는 습관을 들였습니다. 수입은 줄어드는데 여전히 예전과 같은 수준의 지출을 유지하려고 하는 건 현명하지 않다는 것이 아이리스의 의견이었습니다.

아이리스는 매월 가계부를 정리하면서 자신의 월평균 지출을 파악해 보고 있다고 했습니다. 이유를 물어본 결과, 최악의 상황을 가정하고 얼마나 버틸 수 있는지 계산해 보기 위해서라고 답했습니다. 레스토랑을 생각보다 일찍 그만둬야 할 수도 있고, 원예치료사로 자리잡지 못해 실패할수도 있으니 갖고 있는 돈으로 얼마나 버틸 수 있는지를 알아야 한다는 것이었습니다. 현재까지의 계산으로는 연금이 나오기 전까지는 충분히 버틸 수 있지만, 갑자기 물가가 크게 상승하거나 할 수도 있어서 줄일 수 있는 지출 품목을 파악해 두는 것도 필요하다고 했습니다. 이 말을 듣고 제 영혼의 도플갱어를 만난 느낌이었습니다. 저도 똑같이 하고 있기 때문입니다.

⑤ **사례자의 강점**

위기를 기회로 삼는 마음가짐, 사용자와의 윈윈을 위해 협상할 수 있는 유연성, 미리부터 대비하는 진로 계획, 도전 의식

코로나 위기로 아이리스는 정리해고될 수도 있을 상황에 처했습니다. 아무리 직원의 업무능력이 뛰어나도 인건비가 부담되면 사용자로서는 고민할 수밖에 없습니다. 아이리스는 성수기 6개월만 일하고 나머지는 무급 휴가를 하겠다는 제안을 먼저 함으로써 사용자의 부담을 덜어주고, 본인도 새로운 길을 찾을 기회를 얻었습니다. 물론 아이리스가 이런 선택을 할 수 있었던 데는 제도적 뒷받침이 있었고, 자녀가 모두 성인이라 다른 가족을 돌봐야 하는 부담이 없다는 점도 기여를 했습니다.

아이리스는 언젠가는 레스토랑 매니저를 완전히 그만둬야 할 수 있다는 마음의 준비를 미리 해뒀고, 대비하기 위해 새로운 기술과 지식을 배우는 등의 진로 준비를 시작했습니다. 아이리스는 본인이 정원일을 좋아한다는 것 외에는 원예치료에 대한 사전 지식이 전혀 없었습니다. 동종요법도 마찬가지였습니다. 하지만 흥미를 느끼면서 도전했고, 무사히 과정 중 일부를 마쳤습니다. 또한 원하는 진로가 잘 풀리지 않을 수도 있다는 가능성도 충분히 고려하고, 그에 대한 대비도 하고 있습니다.

3. 온 세상이 내 활동 구역

다음에 소개할 콜린스(가명)는 제가 몰도바를 여행할 때 만난 미국인입니다. 지금껏 만난 고령자 중 가장 독특한 사람으로 손꼽힐 수 있을 것 같습니다. 사실 제가 만난 시점에 콜린스는 이미 70대로 중장년기를 넘어선 상태였습니다. 하지만 60대 때부터 독특한 활동을 하며 나름의 진로를 만들어 갔으므로 여기서 소개해 보려고 합니다.

① 사례자

콜린스(가명), 70대

② 사례자의 배경

- 여러 일자리를 거치다가 마지막으로 교회 관리자로 일하던 중 퇴직
- 가정 경제 수준: 약간의 저금을 보유했으며 사실상 노후 대비가 되어있지 않은 상황
- 가족 지원 필요 여부: 가족 없음
- 평소 관심사: 세계 여행, 모험과 탐험, 노래

③ 사례자의 선택

세계를 여행하는 길거리 가수 겸 기타 일용직

콜린스는 교회 관리자로 일하다가 퇴직했습니다. 무척 자유로운 성향이지만, 내면에 개신교적 가치관이 무척 강하게 자리 잡고 있

었습니다. 이런 점이 한계이기도 했지만 동시에 스스로를 지탱하는 원동력이 되어주기도 했습니다.

콜린스는 노래를 하는 것도 좋아했고, 여러 도구를 다루는 기술직 일을 많이 경험해 왔습니다. 이 두 가지를 무기로 콜린스는 과감하게 세계여행에 뛰어들었습니다. 미국 계좌에 보유한 저금은 오로지 항공권 구매에만 쓴다는 것을 목표로 여행하는 국가의 길거리에서 노래를 부르며 돈을 벌었습니다. 때로는 자잘한 수리를 해주고 사례비를 받기도 했습니다.

원칙적으로 관광비자로 일을 해선 안 됩니다. 하지만 콜린스는 이런 준법정신은 다소 부족했던 것으로 보입니다. 길거리에서 호객행위를 하고 노래를 하다가 현지 경찰에게 쫓기기도 하고 체포되기도 했습니다. 하지만 벌금을 내고 풀려나거나, 콜린스가 나이가 많은 것을 보고 경찰 간부가 풀어주라고 하기도 했다고 합니다. 체포된 경험조차도 콜린스에게는 모험 얘기였습니다. 이 점은 중장년기 진로를 준비하시는 분들이 결코 참고해선 안 될 부분이지만, 이런 사람도 있다는 정도로 봐 주시면 좋겠습니다.

④ 선택 이후의 변화

온 세상이 자신의 무대

콜린스는 방문하는 국가의 법에 약간은 저촉하지만, 심각한 범죄

는 저지르지 않는 수준에서 하고 싶은 일에 모두 도전했습니다. 동남아를 여행할 때는 스스로 뗏목을 만들어 해안가를 따라 여행하기도 했습니다. 현지인들에게 즐거운 구경꺼리를 선사해 줬다는 것이 그의 말이었습니다.

어딘가의 원주민들과는 오랫동안 함께 거주하기도 했습니다. 그러다 우크라이나에서 제2의 고향을 찾았다고 합니다. 우크라이나 사람들의 따스함, 친근감에 푹 빠진 것입니다. 콜린스는 비자가 만료될 때까지 우크라이나에 머물렀습니다. 이후 우크라이나–러시아 전쟁이 발발했지만, 콜린스는 다시 우크라이나로 돌아가기 위해 갖은 수를 동원했습니다. 콜린스가 우크라이나에 들어가기 위해 몰도바에 머무르던 때가 바로 제가 그를 만났을 때였습니다.

우크라이나 비자가 발급되길 기다리며 콜린스는 노래로 돈을 벌었습니다. 그 영상을 저에게 보여주기도 했습니다. 스마트폰을 통해 유튜브 영상과 연결될 수 있는 마이크를 보유하고 있었고, 매일 밤 숙소에서 카라오케를 열었습니다. 이런 식으로 스스로를 즐기며 사는 사람도 있구나 하는 점을 보여준 사람이었습니다.

⑤ 사례자의 강점

모험 정신과 개척 정신, 낯선 상황을 두려움보단 즐거움으로 여기는 마음가짐, 현지인과 공감하고 교류하고자 하는 의지

콜린스의 가장 큰 강점은 바로 그 모험 정신과 개척 정신이 아닐

까 싶습니다. 고령의 나이로도 해외로 여행을 나오는 사람은 많습니다. 점점 배낭여행을 하는 국내 고령자들도 증가하고 있습니다. 하지만 콜린스처럼 직접 뗏목을 만들어 여행하거나, 숲에서 원시적인 삶을 누리는 고령의 여행자는 별로 본 적이 없습니다.

콜린스는 낯선 상황을 결코 두려워하지 않았습니다. 처음 가보는 여행지도 즐거운 마음으로 여행했고, 처음 보는 저에게도 말을 걸며 음식을 나눠줬습니다. 저도 마찬가지로 제 음식을 콜린스와 나눴고요. 새로운 사람과 소통하는 것, 처음 접하는 상황을 해쳐나가는 것이 콜린스에게는 도전이자 즐거움이었던 것을 보입니다.

또한 콜린스는 현지인과 공감하고 교류하려는 의지가 무척 강했습니다. 해외여행을 하다보면 미국인 여행자에 대한 일종의 편견이 형성되어 있는 것을 느낄 수 있습니다. 단체 관광으로 다니고, 자기들끼리 붙어 다니고, 가이드와만 소통하고, 복장만은 마치 엄청난 모험을 떠나는 것처럼 차려입고 다닌다는 등등. 콜린스는 이런 편견을 모두 깨는 사람이었습니다.

⑥ 사례자의 약점

일방적인 편견, 잘 알지 못하는 것에 대한 자의적 판단

본 장의 다른 사례자들은 모두 강점을 중심으로 살펴봤지만, 콜린스만큼은 그 약점을 언급해야 할 듯 합니다. 콜린스 본인은 만족하고 있었지만, 그 약점 때문에 현지에서 콜린스를 기피하는 사람

들도 있었기 때문입니다.

콜린스는 나이 때문에도 그렇겠지만 일방적인 편견이 무척 강했습니다. 예를 들어, “북한이 악의 국가이기 때문에 친절한 일본인들을 싫어한다.”, “우크라이나인을 고통스럽게 하는 러시아인들은 모두 지옥에 가야 한다.”, “무슬림은 모두 악인이다.” 이런 발언을 쉽게 하는 사람이었습니다.

콜린스는 일본이 한반도를 포함한 동아시아 국가를 침범하고 식민지화했던 역사를 전혀 배운 적이 없다고 합니다. 제가 이런 점을 설명해 줬을 때, 콜린스는 무척 놀라는 눈치였습니다. 왜 자기는 그런 교육을 받지 못했는지 모르겠다고 했습니다. 콜린스가 저에게 “그럼 너도 일본인을 싫어하냐?”고 묻길래, “나는 일본인은 좋아하고 친하게도 지내지만, 일본 정부와 극우단체를 좋아하지 않는다.”고 답했습니다.

콜린스는 무슬림에 대해서도 부정적인 시각을 갖고 있었고, 이슬람을 존중받아야 할 또 하나의 종교로 보는 제 생각을 바꾸려고 무척 많은 노력을 했습니다. 무슬림들이 전쟁과 테러를 일으키며 생명을 죽이는 것을 강하게 비난하고 저주하는 발언을 하기도 했습니다. 그에 대해 저는 천주교도는 중세 시대 때의 부패와 십자군 원정 등의 과거의 죄를 갖고 있고, 개신교 신자들은 아메리카 원주민들로부터 터전을 빼앗았고, 남미 등지에서는 플랜테이션에서 노예를 부렸던 죄를 갖고 있음을 지적했습니다. 어떤 종교도 완전무결하거나 죄가 없지는 않으니, 서로 그 점을 반성하고 다시는 같은 일을 저지르지 않도록 해야 하지 않겠느냐고 말이죠.

이런 대화를 통해 콜린스는 잠시나마 본인의 편견을 내려놓는 모습을 보였습니다. 하지만 이후의 SNS 게시글을 보면, 결국 편견을 버리진 못한 것으로 보입니다.

4. 고액 연봉의 금융직에서 원어민 강사로

이번에 소개해 드릴 사례는 제가 라오스 여행 중 만난 미국인 클레어(가명)의 이야기입니다. 클레어는 뉴욕의 금융가에서 일하며 억대 연봉을 받던 사람이었습니다. 업무 스트레스와 함께 건강에 문제가 생겼고, 더는 이렇게 살 수 없다는 생각에 사표를 던졌습니다. 그리고 한 번도 가본 적 없는 중국의 원어민 강사 자리에 도전했습니다.

① 사례자

클레어(가명), 40대

② 사례자의 배경

- 뉴욕 금융가에서 높은 연봉을 받으며 일하던 전문가
- 가정 경제 수준: 동기들이 모두 자립
- 가족 지원 필요 여부: 부모에 대한 언급은 딱히 없었으며, 클레어 본인만 챙기면 되는 상황인 것으로 짐작
- 평소 관심사: 여행, 새로운 문화, 금융 업무와 관련 없는 것

클레어는 대학을 졸업하자마자 금융권에서 일하기 시작했고, 40대로 접어들 무렵에는 뉴욕에서 수억 원의 연봉을 받으며 일하고 있었습니다. 수입은 많았으나 뉴욕에서 살고 있었기 때문에 지출도 만만치 않아서 사실상 모을 수 있는 돈이 많지는 않았다고 합니다. 거기다 클레어의 정신적·신체적 건강은 꾸준히 나빠지고 있었습니다. 퇴근 후에는 운동할 기운조차 없어 집에 와서 늘어져 있기만 했습니다. 스트레스를 패스트푸드로 풀면서 체중이 늘고 혈압과 혈당이 올랐습니다. 정신과 치료를 받고, 처방약도 적지 않게 복용했다고 합니다. 클레어는 도저히 이런 생활을 유지할 수 없다는 생각으로 과감하게 사표를 냈습니다.

③ 사례자의 선택 |

원어민 강사

클레어는 중국의 원어민 강사 자리에 지원했습니다. 북미 출신, 여성 원어민 강사를 원하는 곳은 많았고, 클레어는 곧 상하이의 일자리를 제안받았습니다. 클레어는 제안을 받아들였고, 상하이의 모 학교에서 근무하게 되었습니다.

④ 선택 이후의 변화 |

되찾은 건강, 여유로운 생활, 해외여행 중 현지인과의 밀접한 교류

클레어는 원어민 강사로 일하면서 눈에 띄게 건강해졌습니다. 수업을 준비하고 진행하는 시간을 모두 포함해도 근무 시간은 현저히 짧았습니다. 동료들과 경쟁해야 한다는 압박감도 없었습니다. 휴일에는 여유롭게 인근 지역을 여행할 수 있었고, 휴가를 내어 장기 여행도 갈 수 있었습니다.

두어 해 정도 상하이에서 일한 뒤, 클레어는 일을 쉬면서 동남아로 장기 여행을 왔습니다. 현지인과 소통하고, 길거리 음식으로 배를 채우고, 각 나라 곳곳을 돌아보는 것이 무척 즐거웠다고 합니다. 여행을 끝낸 클레어는 다시 상하이에 원어민 강사 자리를 찾았고, 한동안 열심히 일했습니다. 그리고 2020년에 남미로 여행을 떠났습니다. 공교롭게도 그때 코로나19 팬데믹이 시작되었고, 클레어는 콜롬비아의 숙소에서 격리 생활을 해야 했습니다. 몇 달을 버티면서 숙소 주인을 포함한 현지인들과 무척 친해졌습니다. 덕분에 콜롬비아에서 환전할 때, 왜 미국 달러보다 유로가 유리한지 알게 되었다고 합니다. 콜롬비아는 국제적인 원유 거래도 활발하지만, 마약 거래가 활발합니다. 양쪽 모두 미국 달러로 하기 때문에 미국 달러 보유량이 상대적으로 높으며, 반면 유로는 부족하기 때문에 환전할 때 유로가 유리하다는 것이었습니다[9]. 클레어는 이런 내부 정보까지 전해들을 수 있을 정도로 현지인과 밀접하게 교류한 것입니다.

---

9) 콜롬비아는 심각한 정치적, 경제적 위기를 계속 겪어왔기 때문에 페소의 가치가 꾸준히 하락해 왔습니다. 하지만 그런 중에도 콜롬비아 내부적으로는 유로보다 미국 달러 가치가 상대적으로 낮았다는 의미입니다. 다만 최근에는 유로 프리미엄도 거의 사라졌다고 합니다.

하지만 코로나19 팬데믹이 계속되면서 결국 클레어도 미국으로 돌아가야 했습니다. 남미에서 원어민 강사로 일할 생각이 있던 클레어에게는 무척 아쉬운 일이었습니다.

⑤ 사례자의 선택 II

원어민 강사와 여행작가의 병행

클레어는 코로나19가 끝날 때까지 미국에서 머무르며 여러 일을 전전했습니다. 금융권으로 돌아갈 수도 있겠지만, 그 일만큼은 싫었다고 합니다. 코로나가 끝난 뒤에도 한동안 단기 일자리와 여행을 반복하며 지냈습니다. 그리고 최근에 다시 원어민 강사 자리에 지원하겠다는 마음이 들었다고 합니다. 다만 이번에는 현지에 가서 영어를 가르치고 여행만 하는 것이 아니라, 현지 상황을 상세하게 탐구해서 책을 내보고 싶다고 했습니다. 여행자뿐만 아니라 이민자에게도 도움이 될 수 있는 책을 말입니다. 공교롭게도 앞에서 소개해 드린 저의 당숙이 출간하신 책이 바로 그런 책이었습니다. 서로 다른 나라에서 태어나고, 다른 환경에서 자랐는데도 같은 결론에 도달했다는 점이 참 흥미롭습니다. 여행과 모험을 좋아하는 사람들 사이에는 말하지 않아도 통하는 면이 있나봅니다.

클레어가 이런 의사 결정을 내린 것은 최근이므로 앞으로의 결과는 지켜봐야 합니다. 하지만 어디서든 행복하게, 즐겁게 지내는 성격을 가졌으니 뭘 하던 클레어가 만족하는 결과가 될 것으로 생각됩니다.

⑥ 사례자의 강점

새로운 환경에 대한 도전정신과 적응력, 탐구력과 의욕

클레어의 강점은 저희 당숙과 매우 유사합니다. 전혀 가본 적 없고 아는 사람도 없는 중국의 일자리에 도전했고, 어느 나라에 가던 현지에 잘 적응했고 현지인들과 활발하게 교류했습니다. 방문하는 나라를 깊이 탐구하고 이해하는 것을 즐겼습니다. 그리고 그런 활동을 몇 년간 계속 이어갈 수 있는 의욕을 갖고 있었습니다.

클레어는 40대지만 불안정한 미래에 대한 두려움이 전혀 없습니다. 제가 이런 질문을 했을 때, "미래의 문제는 미래에 가서 걱정하면 된다, 미리부터 걱정하면서 스트레스를 만들 필요는 없다."고 답했습니다. 우리나라의 보편적인 가치관으로는 클레어의 선택이나 사고방식이 잘 이해되지 않을 수도 있습니다. 하지만 클레어를 곁에서 직접 경험해 본 사람으로서, 클레어는 어떤 상황이 닥치건 잘 해결하고 개척해 나갈 수 있을 것이라고 생각합니다.

5. '돈 버는 일'로부터 해방을

이번에도 역시 여행 중에 만난 벤자민(가명)의 사례입니다. 제가 동티모르를 방문했을 때 머문 숙소에 벤자민이 간단한 내부 수리 작업을 도와주며 머물고 있었습니다. 벤자민은 일명 FIRE[10]족에 해당하는 사람이었는데, 제가 만났을 무렵에는 이미 은퇴한 상태였습니다.

① 사례자

벤자민(가명), 50대

② 사례자의 배경

- 10대부터 기술직으로 일하면서 일찍 경제적인 자립을 확보
- 가정 경제 수준: 과소비하지 않는 범위에서 노후 대비가 확실하게 되어 있는 상태
- 가족 지원 필요 여부: 배우자가 키우는 자녀의 양육비를 보내야 하나, 자녀가 성인이 될 때까지 얼마 남지 않은 상황
- 평소 관심사: 손기술을 필요로 하는 모든 일

10) 경제적 자립(Financial Independence)을 확보하여 자발적으로 일찍 은퇴(Retire Early)하기를 추구하거나 이미 달성한 사람입니다. 처음부터 지출을 최대한 줄이고 돈을 모으다가 은퇴 후에도 소박하게 사는 LeanFire, 풍요로운 생활을 즐길 수 있는 FatFire, 충분한 돈을 확보한 뒤 언제든 퇴직이 가능하다는 생각으로 여유롭게 일하는 CoastFire, 은퇴 후 부업으로 생활비 일부를 충당하는 BaristaFire가 있습니다.

벤자민은 10대 때부터 기술직으로 일했습니다. 30여 년을 일하면서 매우 검소하게 살았으며, 은퇴 후에도 소박한 삶을 이어가고 있습니다. Fire 중에서는 LeanFire에 해당합니다.

벤자민이 처음부터 FIRE족으로 살겠다고 작정한 것은 아니었습니다. 다만 보수적이고 독실한 개신교도 집안에서 자랐기 때문에 절약과 검소한 생활이 몸에 배어있었던 것입니다.

③ 사례자의 선택

이른 은퇴, '돈 버는 일'로부터 해방, 개발도상국의 봉사활동

벤자민이 은퇴를 결심한 것은 그가 아직 40대 후반에 불과했을 무렵이었습니다. 이미 소박하지만, 안정적인 노후를 누릴 수 있을 만큼 자산을 확보했으니 더 이상 욕심을 부려선 안 된다는 생각에서였습니다. 필요한 만큼만 가져가고, 그 이상은 욕심내지 않는다, 이후부터는 '내'가 아닌, '도움이 필요한 이웃'을 위해 내줘야 한다는 것이 그의 생각이었습니다.

은퇴를 선언한 이후, 벤자민의 지인들로부터 그의 자산을 투자하라는 부추김이 적지 않게 밀려들었다고 합니다. 벤자민은 그들의 꼬임에 넘어가지 않았습니다. 충분히 갖고 있으니 재산을 불릴 필요가 없다는 확고한 가치관을 갖고 있었기 때문입니다.

하지만 벤자민이 거절했음에도 투자를 권하는 지인들은 끊이지 않

았습니다. 벤자민은 스스로 사업에 재능이 없음을 알고 있었고, 더 이상 돈을 벌 생각도 없었습니다. 하지만 남의 얘기에 넘어가지 않도록 자신만의 일을 찾아야겠다는 생각을 하게 되었습니다. 뭔가 일을 하고 있으면 투자를 권유하는 지인들을 빨리 거절할 수 있을 것입니다. 또한 가만히 쉬는 것 자체가 그의 성격에 맞지 않았습니다.

벤자민은 돈은 되지 않으나 하루 시간 대부분을 보낼 수 있는 일을 찾기 시작했습니다. 평생 기술직이었기 때문에 그가 시선을 돌린 곳도 당연히 그런 일이었습니다. 손기술을 필요로 하면서, 가장 기초적인 작업부터 마무리까지 모두 혼자 하는 일에 도전하기 시작한 것입니다.

폐차 직전의 구식 자동차를 얻어 부품을 확보하거나 직접 만들어 가며 내부 전체를 개조하는 일을 했습니다. 고장 난 구식 냉장고를 해체해서 수리하는 일도 했습니다. 그러다 문득 집을 짓는 일을 해보고 싶다는 생각이 들었다고 합니다.

이후 벤자민은 개발도상국에 집을 지어주는 봉사활동에 지원했습니다. 이후 전세계 곳곳을 다니면서 집 짓는 봉사를 해 왔습니다. 봉사자들이 너무 부족하거나, 기술이 없을 때는 그가 기초 다지기부터 마무리까지 대부분의 일을 혼자 해야 할 때도 있었다고 합니다. 벤자민이 동티모르에 왔던 것도 그런 봉사활동을 위해서였습니다. 숙소의 내부 수리를 도운 것은 정식 봉사활동이 아니었지만, 현지인을 돕고 싶은 마음에 그가 자발적으로 한 것이었습니다.

④ 선택 이후의 변화

즐기면서 일하는 삶

벤자민은 은퇴 전에도 일을 즐기는 성격이었습니다. 성실하게 일하며 삶을 꾸려나가고, 사회 구성원으로서 기여하는 것이 마땅히 해야 할 의무라고 생각했습니다. 은퇴 이후, '돈'이 목적이 아닌 일을 하면서, 벤자민이 삶에 대해 느끼는 만족감은 더욱 커졌다고 합니다.

⑤ 사례자의 강점

욕심 없는 삶의 태도, 성실성, 모험정신

제가 벤자민으로부터 특히 배워야 한다고 느낀 점은, 필요한 만큼만 가지면 더 이상 욕심내지 않는다는 그의 경제관이었습니다. '돈'은 내가 원하는 것을 확보하기 위한 수단이지, 목적이 아닙니다. 목적이 전도되어 '돈'이 삶의 목적이 되어버리면, 그때부터는 산다는 것 자체가 괴로울 수 있습니다. 나보다 더 많이 가진 사람과 나를 비교하게 될 것이고, 아무리 많이 가져도 만족할 수 없을 테니까요.

벤자민의 또 다른 강점은 성실성입니다. 평생 성실하게 일하며 돈을 벌었고, 일확천금을 꿈꾼 적도 없었습니다. 모으고, 저축하고, 그 결과 일찍 은퇴할 수 있을 만큼 자산을 확보할 수 있었습니다. 그렇게 자산을 확보한 다음에는 자신이 가진 능력과 성실성을 바탕으로 개발도상국에서 집을 지어주는 봉사활동에 참여했습니다. 태어난 나라에서 평생을 살아왔던 그가 전혀 문화권이 다른 나라로 기꺼이 봉사활동을 나올 수 있었던 데는 그의 모험 정신도 크게 기여했을 것으로 생각됩니다.

6. 트럭 운전기사에서 대학 교수로

여섯 번째로 소개해 드릴 사례는 제가 다니던 대학 학과의 교수님, 니콜라스(가명)의 이야기입니다. 저를 지도해 주신 분은 아니고, 같은 학과에 있는 교수였습니다. 젊었을 때는 트럭 기사로 일하고 있었는데, 동료의 사망으로 트라우마를 겪으면서 트라우마의 발생과 극복에 대한 연구를 시작하게 되었습니다.

① 사례자

니콜라스(가명), 현재 60대 후반, 새로운 진로를 찾았을 시기의 나이는 40대

② 사례자의 배경

- 트럭 운전기사로 일하다가 동료가 요절한 사건에 충격을 받고 관련 연구 시작
- 가정 경제 수준: 금전적으로 큰 고민은 없는 상황

- 가족 지원 필요 여부: 진로 변경 시기에는 지원이 필요한 가족이 없었음
- 평소 관심사: 건강, 의료 케어, 교육, 역사

니콜라스는 영국의 노동 계층(working-class) 가정에서 태어나 자랐습니다. 계급 사회인 영국은 우리나라 이상으로 사회 계층 간 이동이 어렵습니다. 부모가 노동 계층이면 자녀도 노동 계층의 일을 하게 되는 경우가 흔합니다. 그런 사회적 분위기 속에서 니콜라스 역시 의무 교육만 받고, 트럭을 운전하는 기사로 일하게 되었습니다.

트럭 운전은 어느 나라건 힘든 일입니다. 장시간 앉은 채로 일해야 하고, 일하는 시간이 불규칙하여 수면 패턴이 불규칙하며 건강에 부담이 가고, 거기다 항상 교통사고 위험에 노출되어 있기 때문입니다. 니콜라스가 이런 문제를 특히 크게 깨닫게 된 것은 동료가 요절하는 사고를 겪으면서였습니다. 니콜라스는 아직 젊고 건강해 보이던 동료가 급작스럽게 사망한 사건으로 충격을 받았고, 그 일로 본인이 극심한 트라우마에 시달렸습니다.

본인의 트라우마를 극복하려는 노력 끝에 니콜라스는 트라우마의 발생과 극복에 대해 관심을 갖게 되었습니다. 또한 트럭 운전사들이 겪는 업무 스트레스에 대해서도 탐구해 볼 필요를 느끼게 되었습니다. 업무 스트레스가 사람을 사망으로까지 몰아넣을 수 있다는 것은 니콜라스가 첫 고민을 하던 시기에도 이미 잘 알려진 사실이었습니다. 관련하여 일본 노동자의 과로사(karoshi) 연구도 이미

여러 차례 논문으로 발표된 적 있었습니다.[11]

니콜라스는 트라우마와 트럭 운전사의 노동 환경 등과 관련하여 쉽게 접할 수 있는 언론 보도뿐만 아니라 논문까지 찾아 읽기 시작했습니다.

③ 사례자의 선택

트라우마와 웰빙 연구, 대학 강의 시작

니콜라스는 곧 정식으로 관련 공부를 해봐야겠다고 느꼈습니다. 무작위로 자료를 찾아 읽는 것으로는 한계가 있었기 때문입니다. 니콜라스는 관련 분야의 학사 과정을 공부했고, 박사 학위까지 마쳤습니다. 그리고 대학 강단에 서게 되었습니다.

④ 선택 이후의 변화

계속되는 트라우마 연구, 역사로 관심 확대

니콜라스의 연구는 특히 트라우마에 집중되었습니다. 트라우마를 연구하면서, 개인 단위의 트라우마를 넘어 집단 트라우마에 특히

11) 영어권에는 과로사를 뜻하는 명사가 없기 때문에 일본어인 카로시(karoshi) 또는 sudden death를 흔히 사용하고 있습니다.

관심을 가졌습니다. 집단 트라우마를 이해하기 위해서는 역사 속의 대형 사건과 그 피해자들을 연구해야 했고, 그 관심은 역사 자체로도 이어졌습니다.

니콜라스는 2차 세계대전의 트라우마에 관해서도 연구했고, 그 과정에서 일본이 숨기고 있던 식민지 역사에 대해서도 상세히 알게 되었습니다. 일본이 우리나라, 중국을 포함하여 동아시아 국가에서 저지른 행각에 대한 사료를 본 것입니다. 니콜라스는 일본의 정치권과 일부 시민단체가 원폭 공격을 이유로 2차 세계 대전의 피해자인 것처럼 자처하는 것을 꾸준히 비판해 왔습니다.

영국은 전반적으로 일본에 우호적인 편이며, 니콜라스의 비판이 공론화되는 일은 없었습니다. 그래도 일본에 우호적인 연구자들이 많은 가운데, 일본의 역사 왜곡 행각을 과감히 지적한 니콜라스에게는 고마움을 느끼고 있습니다.

⑤ 사례자의 강점

고통스러운 경험을 기회로 삼을 수 있는 정신력, 탐구 정신, 트라우마 피해자에 대한 공감 능력

니콜라스가 진로를 변경하게 된 배경에는 동료의 죽음과 그로 인한 본인의 트라우마가 있었습니다. 본인의 트라우마를 극복하는 것만으로도 무척 고통스러운 과정을 겪었을 것입니다. 하지만 그 고통을 넘어 트라우마를 이해하고, 연구하고, 타인의 트라우마를 이

해하게 되기까지 그의 강인한 정신력이 뒷받침되었을 것입니다.

의무 교육만 받고 트럭 운전기사로 일하던 사람이 직접 관련 자료와 논문까지 찾아 읽는 것도 분명 흔한 일은 아닙니다. 니콜라스의 탐구 정신을 보여주는 면모입니다. 그렇게 자료를 찾아 읽는 것만으로는 만족하지 못하여 정규 학위과정에 입문한 결과, 전혀 다른 직종으로 진로를 변경하게 된 것입니다.

7. 보안 전문가와 여행가이드

이번 사례는 제가 올해(2024년) 오만을 여행하던 중에 만나게 된 하심(가명)의 이야기입니다. 하심은 아직 진로 변경까지 간 사례는 아닙니다. 하지만 본업을 두면서 또 다른 일을 병행하고 있다는 점이 여러 갈래의 가능성을 열어두라는 이번 책의 목적과 잘 부합되었습니다. 그런 이유로 이번 장의 일곱 번째 사례로 소개하게 되었습니다.

하심은 보안 전문가로 재택근무를 하고 있는데, 겸직으로 여행가이드도 하고 있습니다. 다만 여행 가이드는 돈을 벌기 위해서가 아니라, 본인이 아웃도어 활동을 좋아하기 때문에 함께 여행한다는 생각으로 하는 것입니다.

① 사례자

하심(가명), 40대

② 사례자의 배경

- 전문성을 필요로 하는 업종에 종사 중
- 가정 경제 수준: 안정적인 수준
- 가족 지원 필요 여부: 2명의 배우자를 두고 있으며, 나이 어린 자녀가 성장할 때까지 계속 지원해야 하는 상황
- 평소 관심사: 아웃도어 활동, 타인과의 교류

하심은 본업인 보안 전문직으로 적지 않은 연봉을 받고 있습니다. 하지만 2명의 배우자를 두고 있어 양쪽 모두에게 공평한 수준의 경제적·정서적 지원을 할 의무가 있다고 합니다. 하심의 두 번째 배우자는 이혼한 여성으로 첫 배우자의 친구였습니다. 첫 배우자가 암으로 생사를 장담할 수 없을 때, 자신의 친구와 결혼해달라고 부탁했고, 하심은 배우자의 부탁에 따라 두 번째 배우자와 결혼하게 되었습니다. 이슬람 문화권에서는 이렇듯 배우자가 남편에게 어려운 상황에 처한 자신의 친구를 아내로 맞아달라고 부탁하는 경우도 볼 수 있다고 합니다.

하심은 전통적인 이슬람의 교리를 그대로 따르는 사람입니다. 아내의 생전 또는 사후에도 남편은 아내 재산을 가질 수 없으며, 오로지 아내를 위해 제공하는 역할을 해야 한다는 가르침을 실행하고 있습니다[12]. 따라서 높은 수입에도 불구하고 경제적으로 풍족하기

12) 정통 이슬람 교리는 사실 여성에게 매우 유리하게 되어 있습니다. 여러 배우자를 허용한 것 자체가 여성이 혼자 살기 어려운 중동의 척박한 환경에서 과부, 이혼녀를 배우자로 맞아 돌봐주라는 뜻이었다고 합니다. 두 번째, 세 번째, 네 번째 배우자를 맞을 때 우선순위로 과부와 이혼녀를 고려해야 합니다. 배우자를 여럿 두는 것은 모두에게 정서적·경제적으로 공평하게 대할 수 있을 때만 허용

만 한 것은 아니었습니다.

③ **사례자의 선택**

아웃도어 활동(사막, 동굴 탐험) 가이드 병행

하심은 평소에도 아웃도어 활동을 무척 즐기는 편이었습니다. 사막에서 캠핑하고, 듄 배싱(dune bashing) 하고, 모래 위를 달리는 것은 오만의 흔한 레저 활동이라고 합니다. 우리나라 사람들이 산이나 계곡으로 캠핑을 가는 것과 비슷한 것으로 생각됩니다.

하심은 사막 여행을 좋아하기도 하지만 여러 사람과 소통하는 것도 좋아하는 사람이었습니다. 따라서 사막 여행에 드는 비용도 아낄 겸, 부업으로 아웃도어 가이드를 병행하게 되었습니다. 그의 본업이 재택근무로 할 수 있는 일이고, 매일 일할 필요가 없었기 때문에 가이드로 부업을 하는 것이 부담되지 않았습니다.

사실은 제가 하심을 만난 것도 사막 여행을 함께 가이드를 찾던 중이었습니다. 하심은 실비 정도에 불과한 돈으로 저와 동행을 사막에 데려다주겠다고 했습니다. 전문 가이드가 요구하는 돈에 비하

됩니다. 남편은 결혼할 때 배우자의 집안에 지참금을 요구할 수 없으며, 배우자의 사후에도 재산을 물려받을 수 없습니다. 배우자의 재산은 자녀와 친정 부모가 상속받습니다. 남편이 먼저 죽을 경우에는, 배우자가 남편의 사후에도 경제적 어려움을 느끼지 않도록 충분한 재산을 상속해야 합니다. 위기 상황이 닥치면 여성, 아이, 노인을 우선 보호해야 합니다. 다만 이런 정통 교리가 현재는 많이 변질되었다고 합니다.

면 훨씬 저렴한 액수였습니다. 자칫 사기를 의심할 수도 있었지만, 동행과 함께였기 때문에 저는 과감히 모험을 해보기로 했습니다. 그 결과, 최고의 가이드이자 진솔한 친구를 만나게 되었습니다.

④ 선택 이후의 변화

다양한 사람들과의 만남과 즐거운 여행

하심은 부업으로 가이드를 하면서 다양한 사람들을 만났습니다. 즐거운 일도 많았고, 황당하고 웃긴 상황도 여러 번 겪었습니다. 그 과정에서 다시는 만나지 않길 바라게 된 사람도 있었으나, 좋은 사람들을 훨씬 더 많이 만났다고 합니다. 하심이 돈을 목적으로 하지 않았기 때문에 여행객들도 하심을 가이드보다는 친구로 대해준 듯합니다.

⑤ 사례자의 강점

욕심 없는 삶의 태도, 모험 정신, 적응력, 문화적 차이에 대한 높은 수용도

하심도 앞에서 본 벤자민처럼 욕심 없는 모습을 보이고 있습니다. 자기 자신보다 가족을 위한 것을 먼저 챙겼기 때문에, 정작 본인은 소박한 의복, 소박한 식사, 소박한 생활에 만족하는 모습을 보였습니다.

하심의 또 다른 강점은 그의 모험 정신과 적응력입니다. 사실 하

심은 오만인이 아니었습니다. 배우자가 오랫동안 투병해 왔기 때문에 더 나은 의료 혜택을 줄 수 있는 일자리를 찾아 이동했고, 그 결과 오만에 정착하게 된 것이었습니다. 해외 취업을 위해서는 상당한 모험 정신이 필요합니다. 설령 문화가 비슷한 바로 옆 나라에 취업하는 것이라 해도 마찬가지입니다. 하심의 출신 국가는 이슬람권이긴 하지만 오만과 거리가 있는 곳이었습니다. 하심은 가족을 위해 과감히 해외 취업을 결정했고, 이제는 그곳에 안정적으로 정착했습니다. 오만인과 교류하는 데도 어려움을 겪지 않으며, 가이드를 하며 만나는 사람들과의 문화 차이도 잘 이해하고 있습니다.

과감하게 새로운 영역을 개척하는 해외의 중장년층

이번 장에서 본 해외 중장년층의 사례는 제가 여행하면서 만난 사람들의 이야기였습니다. 기본적으로 여행을 좋아하고 모험을 즐기는 사람들을 만났기 때문인지 그들의 진로 선택과 변경은 변화무쌍하기도 했습니다. 다른 나라를 여행하고, 다른 문화권을 많이 접하면 접할수록 시야가 넓어지기 마련입니다. 그렇게 넓은 시야를 갖고 있기 때문에 그들의 진로도 이렇게 다양할 수 있었으리라 생각됩니다.

물론 꼭 해외를 나가야 멋지게 사는 건 아닙니다. 기존에 하던 일과 전혀 다른 일로 직종을 변경해야만 멋진 것도 아닙니다. 출생한 국가에 계속 머물더라도, 기존 일을 꾸준히 이어가면서도 얼마든지 멋진 삶을 살아갈 수 있습니다. 이번 장에서 처음 소개된 아이리스의 사례가 그랬고, 5장에서 본 사례들도 그랬습니다. 다만 넓은 시야로 다양한 선택지가 있다는 것을 보셨으면 하는 마음으로 이번 장을 구성해 봤습니다.

인생 이모작 준비,
빠르면 20대부터

이번 장은 이미 진로를 변경한 사람들이 아닌, 언제든 진로를 변경할 수 있도록 준비하는 사람들의 사례를 담아봤습니다. 이미 결과까지 나온 사례 못지않게 과정 중에 있는 사례들로부터도 시사점을 얻을 수 있기 때문입니다. 특히나 앞으로 은퇴까지 시간이 꽤 남아있지만, 미리부터 진로 변경을 한번 준비해 볼까 하는 생각을 가진 분들께는 이번 장의 사례들이 일종의 자극점이 될 수 있지 않을까 합니다.

다만 아쉬운 점은 이번 장에 해당하는 사례를 많이 확보하진 못했다는 것입니다. 준비하는 사람들은 많지만, 본인이 준비하는 분야에 만족하고, 미래에 대한 불안감을 극복한 분들은 찾기가 어려웠기 때문입니다. 중장년층이 만족할 수 있는 새로운 진로를 찾기가 얼마나 어려운지 보여준다고 생각됩니다. 이번 장의 사례를 통해 미리 준비하면서도 여전히 불안해하는 분들에게도 정서적 안정감이 전파되었으면 좋겠습니다.

1. 친환경 수제가구 장인을 꿈꾸며

현 팀장(가명)은 아직 퇴사해야 할 시기까지 시간이 꽤 남은 편입니다. 하지만 언젠가의 진로 변경을 위해 미리부터 준비하고 있습니다. 그가 변화하게 된 배경에는 회사에서 발생한 사건이 있었고, 자극점이 되어준 배우자가 있었습니다.

① 사례자

현 팀장(가명), 현재 40대 중반, 새로운 진로를 찾았을 시기에는 40대 초반

② 사례자의 배경

- 지방의 중견기업에서 재직 중
- 가정 경제 수준: 노후 대비가 되어 있다고 보긴 어려운 상황
- 가족 지원 필요 여부: 어린 자녀 외에는 지원이 필요 없는 상황
- 평소 관심사: 손으로 하는 일

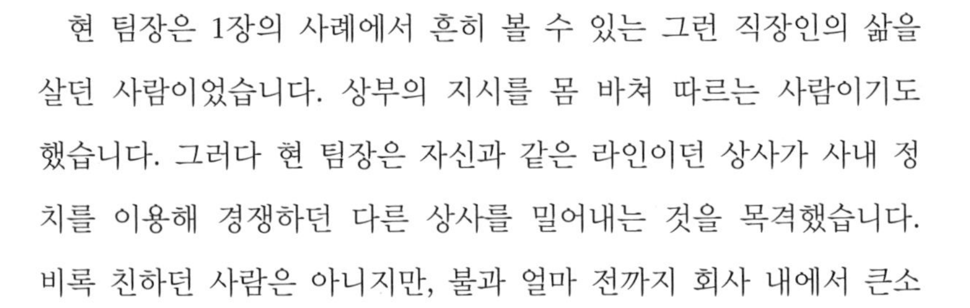

현 팀장은 1장의 사례에서 흔히 볼 수 있는 그런 직장인의 삶을 살던 사람이었습니다. 상부의 지시를 몸 바쳐 따르는 사람이기도 했습니다. 그러다 현 팀장은 자신과 같은 라인이던 상사가 사내 정치를 이용해 경쟁하던 다른 상사를 밀어내는 것을 목격했습니다. 비록 친하던 사람은 아니지만, 불과 얼마 전까지 회사 내에서 큰소리치던 사람이 한순간에 초라해진 모습으로 퇴사하는 것이 충격으로 다가왔습니다.

불현듯 현 팀장 자신도 그렇게 한순간에 밀려날 수 있겠다는 생각이 들면서, 계속 이렇게 살아도 되는가 성찰하게 되었습니다. 위만 보고 달리며 살아왔는데, 그 길이 한순간의 나락으로 이어진다면 어떻게 해야 할지 두려움마저 생겼습니다. 현 팀장은 갑자기 자신의 미래가 한없이 불안정하게 느껴졌고, 그에 대비해야겠다고 생각하게 되었습니다.

③ 사례자의 선택

미래의 목수

현 팀장은 자신의 고민을 배우자에게 털어놓았습니다. 그리고 자신과 같은 고민을 배우자가 먼저 했었음을 알게 되었습니다. 배우자는 육아 휴직 이후, 회사에서 자신을 보는 눈초리가 달라졌음을 느끼고 있었고, 간접적으로 퇴사 압박을 받고 있었다고 합니다.

현 팀장은 또한 배우자가 육아 휴직 중 이미 정리수납 전문가 민간 자격을 이수했었고, 강사로부터 같이 일하자는 제안을 받은 적도 있음을 알게 되었습니다. 배우자가 자신보다 앞서서 고민했다는 것이 현 팀장에게는 좋은 정신적 자극이 되었습니다. 현 팀장은 나이가 들어서도 할 수 있을 만한 일을 고민하기 시작했습니다. 그런 그에게 배우자는 목공을 권유했습니다. 현 팀장은 평소에도 손재주가 좋은 편이었기 때문입니다.

"자기 손재주 좋잖아."라는 배우자의 말은 현 팀장을 춤추게 했습니다. 현 팀장은 목공을 배우기 시작했습니다.

④ 선택 이후의 변화

새로운 삶의 활기, 정서적 안정감

현 팀장은 어린 시절에도 국기함 같은 간단한 소품을 만드는 수업을 좋아했었습니다. '예전부터 좋아하던 일이 새로운 시작의 계기'[13]가 된다는 것이 무척 설렜습니다. 목공은 현 팀장의 적성에도 잘 맞았고, 강사도 현 팀장의 실력이 빨리 나아지고 있다며 칭찬을 아끼지 않았습니다.

현 팀장이 활기를 되찾으면서 회사의 동료들도 좋아 보인다고 말하곤 했습니다. 현 팀장의 상사도 목공을 하고 있다는 말을 듣자, 잘 만든 가구가 있으면 선물해달라고 했습니다.

현 팀장이 목공을 배우기 시작한 이후, 배우자와 계속 연락을 유지하던 지인이 친환경 수제가구 수요가 있다는 걸 알려왔습니다. 그 지인은 인테리어를 본업으로 하다가 정리수납 강사 자격까지 받은 사람이었습니다. 최근 어린 자녀를 둔 부모들 사이에 친환경 가구에 관심 가진 사람이 많다며, 현 팀장에게도 친환경 가구 제작을 배우라고 권해주었습니다.

현 팀장은 목공 기술만 충분히 배우고 나면 언제 회사에서 밀려나도 할 수 있는 일이 있다고 생각하게 되었습니다. 그 점이 적지 않은 정서적 안정감을 주었다고 합니다.

⑤ 사례자의 강점

편견 없는 직업의식, 주변의 조언에 대한 존중

13) 현 팀장이 사용한 표현

현 팀장은 사무직이며 현재의 직급도 낮지 않은 수준입니다. 하지만 미래를 대비하는 새로운 진로로 전혀 다른 분야를 배우는데 전혀 거리낌이 없었습니다. 본인이 좋아하던 목공으로 미래의 재취업을 준비한다는 것에 오히려 설레는 모습을 보였습니다.

또한 자신의 고민을 배우자와 상의하고, 배우자의 조언을 경청하기도 했습니다. 배우자의 권고로 목공이라는 선택지를 알게 되었고, 배우자의 지인을 통해 친환경 수제가구의 수요를 알게 되었습니다. 물론 수요라는 것은 항상 변동이 있으므로 수제가구의 수요가 계속 높은 수준으로 유지될지는 알 수 없습니다. 그래도 목공을 배워두면 언제, 어디서든 활용할 수 있습니다.

아무리 공장화, 자동화되어도 목수는 계속 수요가 유지될 직종 중 하나입니다. 기성품 가구로는 맞출 수 없는 공간도 목수에게 의뢰하면 딱 맞는 가구를 맞춰 넣을 수 있게 됩니다. 또한 현재 우리나라는 수요 대비 목수 인력이 부족한 상태입니다. 현 팀장은 수요에 잘 부응하는 좋은 선택을 했다고 보여집니다.

2. 배우자와 함께 미래 준비를

이번 사례자인 조 부장(가명)은 현 팀장의 배우자입니다. 현 팀장에게 목공을 추천해 준 바로 그 현명한 배우자입니다. 조 부장은 육아 휴직 이후 퇴사를 유도하는 상사와 주변의 시선을 느끼고 있으며, 그때를 대비한 준비를 미리부터 하고 있습니다. 조 부장이 새로운 진로를 찾은 나이는 30대 후반으로 아직 중년이 아니었습니다. 하지만 배우자와 나란히 함께 준비를 하는 사례가 흔치는 않기 때문에 이번 장에 함께 담아봤습니다.

① **사례자**

조 부장(가명), 현재 40대, 새로운 진로를 찾았을 시기에는 30대 후반

② **사례자의 배경**

- 지방의 중소기업에서 재직 중
- 가정 경제 수준: 노후 대비가 되어 있다고 보긴 어려운 상황
- 가족 지원 필요 여부: 어린 자녀 외에는 지원이 필요 없는 상황
- 평소 관심사: 정리 정돈, 깔끔한 살림

조 부장은 평범하게 대학을 졸업해서, 평범하게 기업에 입사했으며, 평범하게 일해 온 사람이었습니다. 그러다 배우자를 만나 결혼했고, 서른 중반이 넘어 힘들게 첫 아이를 낳았습니다. 그렇게 낳은 아이가 너무도 사랑스럽고 예뻐서 곁에 있어 주고 싶었고, 2년간 육아 휴직을 했습니다. 복직 이후, 회사에서 눈치를 보며 일하게 되었습니다. 직접, 대놓고 말하는 것은 아니지만 상사가 퇴사를 유도하는 듯하다고 느낀 일이 한두 번이 아니었습니다. 동료들도 처음에는 조 부장의 복직을 반겨줬으나, 조 부장이 육아를 위해 단축 근무제를 신청한 것에 은근한 불만을 표현했습니다.

단축 근무제는 어린 자녀를 둔 부모가 마땅히 누려야 할 권리지만, 그로 인해 줄어든 근무 시간을 대체할 인력을 따로 채용해 주

진 않습니다. 결국 부모가 단축 근무제를 사용하면 주변 동료들의 부담이 더 커지는 식이었던 것입니다.

조 부장은 회사에 머무는 시간만 줄었을 뿐, 집으로 일을 들고 와서 하기도 했으나, 아이를 돌보면서 일에 집중하기란 힘들었습니다. 출산과 육아 휴직 이전에 비해 생산성이 떨어질 수 밖에 없었습니다. 그 점을 동료들도, 상사들도 민폐처럼 여겼습니다. 왜 우리나라의 출산율이 높을 수 없는지 보여주는 모습이라고 생각됩니다.

③ 사례자의 선택

미래의 정리수납 전문가

사실 조 부장은 육아 휴직 중에 아기를 돌보고, 살림하는 것이 무척 즐거웠다고 합니다. 아기가 순해서 일찍부터 통잠을 자준 덕분에 육아와 살림을 함께 하는 것이 마냥 힘들지만은 않았습니다. 최근에는 아기의 다리 모양이 망가진다며 아기를 등에 업는 것을 추천하지 않는 추세지만, 조 부장은 아기를 업고 살림을 했습니다. 아기가 계속 엄마의 심장 소리를 들으며 안정감을 느끼는 것이 정서에는 더 좋을 것이란 생각 때문이었습니다. 조 부장은 본인도 미처 몰랐지만 살림하는 것이 본인의 적성이었던 것 같나고 했습니다.

아기가 돌이 지나고 어린이집에 가기 시작하자, 조 부장도 문화센터에 등록했습니다. 처음에는 운동 프로그램을 등록하러 갔지만,

정리수납 전문가라는 과정이 있다는 것도 알게 되었습니다. 조 부장은 집안을 더 효율적으로 깔끔하게 치울 수 있게 되는 것도 좋겠다고 생각했습니다. 비용도 감당할만했기 때문에 조 부장은 정리수납 전문가 과정을 등록했고, 민간 자격증이지만 1급 자격증까지 받게 되었습니다. 이때까지만 해도 나중에 그 자격증을 쓰는 일을 하게 될 거란 생각은 없었습니다. 강사의 권고로 아르바이트 형식으로 몇 번 강사와 함께 정리수납 전문가로 일하긴 했습니다. 주 15시간 미만, 월 급여 150만 원 미만을 지키는 선에서였기 때문에 육아휴직 급여도 계속 받을 수 있었습니다.

복직 후, 회사에서 눈치를 받게 되면서 조 부장은 다시금 정리수납 전문가 일을 생각하게 되었습니다. 강사가 주장하는 수준의 수입만큼은 아니더라도, 현재 받는 월급의 60~70% 정도 선만 되더라도 해볼 만하다고 생각했습니다.

④ 선택 이후의 변화

정서적 안정감, 배우자와의 공감대

조 부장은 같이 일했던 강사에게 연락했고, 환영 어린 격려를 들었습니다. 조 부장이 말을 조리 있게 잘하는 만큼, 강사로 활동하는 것도 가능할 거라는 격려였습니다. 다만 조 과장이 아직 회사를 그만둔 상황은 아니었기 때문에, 서로 가능성에 관해 얘기하는 정도였습니다. 그런 대화만으로도 조 부장은 퇴직 이후에도 할 수 있는 일이 있다는 것에 안도감을 느꼈습니다. 육아 휴직 이후 회사에서 자신이 설 자리가 무너져 가는 느낌이었는데, 이제는 퇴직 후에도 할 수 있는 일이 생겼습니다.

또한 조 부장은 배우자 역시 비슷한 고민을 하는 것을 알게 되었습니다. 조 부장은 손재주 있는 배우자에게 목공을 권했습니다. 이후, 조 부장과 배우자 사이에는 새로운 공감대가 생겼습니다. 언제든 회사에서 나와 다른 일을 할 수 있다는 안정감으로부터 오는 공감대였습니다.

객관적으로 조 부장 부부의 선택이 안정적인 미래를 보장해 주진 않습니다. 하지만 퇴직이 막다른 골목이 아니며, 다른 선택지도 있다는 것을 깨닫게 되면서 부부가 함께 안정감을 찾은 것입니다. 또한 조 부장은 배우자와 함께 고민을 상담한 이후부터 더욱 동등한 위치가 되었다는 기분이 들게 되었다고 합니다. 같은 고민을 했고, 남편이 자신의 의견을 경청한 것이 자존감을 더욱 높여주는데도 도움이 된 듯합니다.

혹시라도 두 사람 모두 퇴직했는데 생각보다 수입이 적거나 하면 어떡하냐는 저의 질문에도 조 부장은 크게 개의치 않았습니다. 적게 벌면 적게 쓰면 된다는 것이 조 부장의 답이었습니다. 자녀 교육에 대해서도 별로 걱정하는 눈치가 아니었습니다. 조 부장은 힘들게 낳은 아이인 만큼, 아이가 행복한 것이 가장 중요하다고 했습니다. 꼭 대학에 가야 하는 것도 아니라며, 아이가 하고 싶어하는 일이 있으면 할 수 있는 만큼 밀어주겠다고 했습니다.

⑤ 사례자의 강점

가정의 행복을 우선시하는 마음, 욕심 없는 삶의 태도

조 부장의 사례에서 특히 두드러진 것은 가정과 자신의 행복을 가장 우선시하는 마음이었습니다. 다른 가정과 자신의 가정을 비교하지도 않았습니다. 배우자의 월급이 다른 집 남편의 월급보다 부족하다며 불만을 느끼고, 내 아이와 다른 집 아이의 발달 속도를 비교하며 불안해하는 사람들도 있습니다. 하지만 조 부장과 대화하면서는 이런 점을 전혀 느낄 수 없었습니다.

또한 조 부장은 지금 다니는 회사에서 눈치 보며 괴롭게 일하는 것보다는, 돈을 좀 적게 벌더라도 즐거움을 느끼는 일을 하겠다는 생각을 지니고 있었습니다. 당장 수입이 줄어들게 될 것을 알면서도 이런 생각을 하기란 쉽지 않습니다. 어린 자녀를 둔 부모는 앞으로 자녀에게 들어갈 돈을 생각하지 않을 수 없습니다. 하지만 조 부장은 그런 부분에서 초연한 태도를 보였습니다.

과거에는 배우자와 이런 점 때문에 갈등을 겪기도 했는데, 배우자 역시 최근에는 조 부장과 생각이 비슷해지고 있습니다. 조 부장의 배우자도 자녀를 서울로, 명문 대학으로 보내기보다는 지방에서 마음 편하게 키우고 싶다고 말한다고 합니다.

조 부장에게 이미 은퇴하신 저의 선임분으로부터 들은 얘기를 전해 봤습니다. 저의 선임은 지방 출신 베이비붐 세대로서는 드물게 해외 유학까지 다녀오신 분이었습니다. 반면 선임의 고향 친구들은 모두 지방에 머물며 농사를 지으셨습니다. 선임이 몇 년 전 고향 친구들과 동창회를 했는데, 그 자리에서 본인의 연 수입이 가장 적다는 것을 알게 되었다고 합니다. 조 부장은 제 얘기를 듣고 무척 좋아했습니다. 제대로 일을 배워서 자녀와 함께 농사를 지어도 좋겠다고 했습니다.

조 부장이 어떤 계기로 이렇게 직업에 대해 열린 마음을 갖게 되었는지는 본인도 잘 모르고 있었습니다. 자녀를 힘겹게 출산한 뒤, 건강하고 행복하게만 자랐으면 좋겠다고 생각한 마음이 지금도 계속 이어지는 것이 아닐까, 하는 것이 조 부장의 추측이었습니다. 조 부장이 배우자와 함께 이런 마음으로 아이를 키운다면, 그 아이는 분명 행복한 사람으로 자라게 될 것이라고 생각합니다.

3. 지금은 취·창업이 아닌 창직 시대

세 번째 사례는 재취업, 창업을 넘어 창직을 꿈꾸는 중년, 류 사장(가명)의 이야기입니다. 사실 류 사장은 1장에서 본 김 사장과 매우 비슷한 삶을 살아왔습니다. 젊은 나이부터 큰돈을 벌었다가 순식간에 잃기를 몇 번 반복했던 것입니다. 하지만 김 사장과는 달리, 실패의 경험을 바탕으로 창직을 꿈꾸고 있습니다.

“

① **사례자**

류 사장(가명), 50대

② **사례자의 배경**

- 여러 사업으로 큰돈을 벌었다가 망하길 반복
- 가정 경제 수준: 이제부터 노후 대비를 생각해야 하는 상황
- 가족 지원 필요 여부: 자녀가 성장할 때까지 지원해야 하는 상황
- 평소 관심사: 컨설팅

”

류 사장은 일찍부터 사업에 눈을 뜬 사람이었습니다. 2장의 김 사장이 그랬듯, 류 사장도 참신하고 좋은 사업 아이템을 잘 찾아내는 능력자였습니다. 류 사장은 그야말로 다양한 일을 시도하면서 성공했다가 망하길 반복했습니다. 돈이 잘 벌릴 때는 금방 강남에 빌딩 한 채를 지을 수 있을 것 같다고 생각했습니다. 30대의 나이에 이미 일반인이 평생 모으기 힘들 정도의 액수를 벌었다가, 그만큼의 빚을 졌다가, 다시 갚아보기도 했습니다.

류 사장의 사업이나 투자 방식은 기본적으로 고위험 고수익(high risk high return)이었습니다. 그 결과, 큰돈을 벌었다가 잃기를 반복했던 것입니다.

류 사장은 40대가 되어서야 결혼했고, 자녀를 갖게 되었습니다. 자녀를 얻으면서 류 사장은 더 이상 이렇게 고위험으로 사업과 투자를 해선 안 되겠다는 생각이 들었다고 합니다. 자녀 앞에서 아버지가 망하는 모습을 보여줄 수는 없었던 것입니다. 다행히 자녀를

낳았을 무렵, 류 사장은 빚을 거의 다 갚은 상태였습니다. 류 사장은 이제 자녀를 위해 안정적으로 직장생활을 유지하겠다고 했습니다. 다만, 병행할 수 있는 새로운 직업을 구상하고 있었습니다.

③ 사례자의 선택

실패 방지 컨설턴트(가칭)

류 사장이 구상하고 있는 새로운 직업은 실패 방지 컨설턴트(가칭)입니다. 류 사장이 사용한 명칭은 다르지만, 어떤 일을 하는 직업인지 들은 뒤, 제 나름대로 다시 구성해 본 직업명입니다. 류 사장이 생각한 직업명은 훨씬 산뜻한 것이라 그가 공개를 원하지 않았기 때문입니다.

실패 방지 컨설턴트는 류 사장 본인이 경험한 수많은 실패 사례를 기반으로 하는 일입니다. 류 사장은 자신의 실패에 어떤 원인이 있었는지를 항상 스스로 분석해 왔습니다. 1장의 김 사장처럼 동업자를 너무 믿기도 했고, 비용 절약을 위해 편법을 쓰거나 지켜야 할 것을 지키지 않았다가 문제가 되기도 했습니다. 돈이 잘 벌린다고 저축하지 않고 과도하게 사업을 확장 시키려고 하기도 했습니다. 큰돈을 벌려면 위험부담이 따른다는 말을 지나치게 신뢰하기도 했습니다. 그 외에도 다양한 실패의 원인을 아주 세부적으로 분석해 놨습니다. 이런 분석을 바탕으로 큰 성공은 아니더라도, 실패하지 않을 방법을 조언하는 직업을 구상하고 있다는 것입니다.

④ **선택 이후의 변화**

새로운 삶의 목표, 자녀에게 자랑스러운 부모가 될 거라는 자신감

창직을 꿈꾸면서 류 사장에게는 '돈'이 아닌 새로운 삶의 목표가 생겼습니다. 젊은 사람들이 자신과 같은 큰 실패를 겪지 않도록 하겠다, 그래서 본인의 자녀가 성장했을 때는, 사회에 실패감이나 좌절감을 느끼는 사람보다 희망에 찬 사람이 더 많아지도록 하겠다는 원대한 목표를 갖게 되었습니다. 태어난 자녀를 처음 품에 안았을 때, 아이가 살아갈 사회는 자신이 겪어온 사회와는 달라야 한다고 생각했기 때문이었습니다. 그만큼 류 사장에게는 자녀가 소중한 것입니다.

류 사장은 과거에 존재하지 않았던 새로운 직업을 만들어 낸 사람으로서 자녀 앞에서 자랑스러운 부모가 되겠다는 자신감도 보였습니다. 류 사장의 배우자는 류 사장의 생각이 허황하다고 할 때도 있지만, 자녀를 위해 좋은 사회를 만들겠다는 그의 의지만큼은 긍정적으로 생각하고 있다고 했습니다.

⑤ **사례자의 강점**

도전정신, 실패를 통한 학습, 사회적 문제에 대한 문제 인식과 개선 의지, 자녀에 대한 애정

류 사장의 도전정신은 여러 차례 사업 아이템을 발굴하고 사업을 추진했던 것에서부터 이미 확인되고 있습니다. 또한 류 사장은 여러 번 실패를 경험했으나 매번 같은 실패를 답습하지 않고, 실패로부터 배우는 모습을 보이고 있습니다.

류 사장은 우리 사회의 분위기를 걱정했습니다. 실패를 과도하게 두려워해서 새로운 시도를 회피하거나 하고자 하는 사람의 의지를 꺾는 분위기도 문제며, 눈앞에 뻔히 실패하고 있는 것이 보이는데도 이미 시작했다는 이유로 멈추지 못하는 분위기도 바뀌어야 한다고 주장했습니다. 실패를 마냥 부정적인 것으로 생각해서 아예 실패할 일을 만들지 않으려고 하거나, 실패하고 있으면서도 끝까지 인정하지 않으려고 하는 것이 문제라는 것이었습니다. 류 사장의 이런 문제 인식과 개선 의지는 분명 돋보이는 면이 아닐 수 없습니다. 사회적 문제를 인식하는 사람은 많습니다. 하지만 그 문제를 개선하고자 실질적으로 노력하는 사람은 많지 않습니다. 사회를 원망하면서도 나 한 사람이 움직여봤자라고 생각하며 포기하기 때문입니다.

류 사장의 문제 개선 의지는 자녀에 대한 애정에 근원을 두고 있습니다. 자녀를 위해서 이 사회가 더 나은 곳이 되게 하겠다는 그의 꿈이 꼭 이뤄지길 바랍니다.

4. 이것도, 저것도 준비해 보는 거야

4장과 6장에서 제 부모님과 당숙의 사례를 소개한 것을 보셨을 겁니다. 그렇다면 8장인 이번 장에서는 제 얘기도 해야 공정하겠죠? 남의 얘기를 하는 사람은 자신의 얘기가 공개되는 것도 감수할 수 있어야 하는 법이니까요. 저는 조금 일찍부터 미래에 대한 대비를 시작한 편입니다. 제 주변 환경이 좀 남달랐기 때문입니다.

① 사례자

작가 본인, 40대

② 사례자의 배경

- 계속 한 직장에서 근무 중이며 특별한 일이 없는 한 정년까지 머무를 예정
- 가정 경제 수준: 과소비하지 않는다면 경제적 걱정을 할 필요가 없는 상황
- 가족 지원 필요 여부: 부모님 지원 중
- 평소 관심사: 사람 연구, 집필, 여행, 전신을 사용하는 운동

저를 둘러싼 환경이 좀 남달랐다는 건, 제가 처음 입사했을 때, 회사의 평균 연령이 45세가 넘었다는 점, 직장 동료 중 저희 부모님보다도 연세 높은 분들이 적지 않았다는 점이었습니다. 제가 입사했을 때 나이가 20대였는데, 그 나이에 이미 은퇴를 앞둔 분들을 가까이서 보게 된 것입니다. 그분들이 은퇴 시점에 그리고 은퇴 이후에

힘들어하시는 게 어떤 건가를 여러 번 보게 되면서 저는 편안하고 즐거운 노후를 보내기 위한 준비를 꽤 일찍부터 시작했습니다.

• 안정된 주거지 확보

저의 첫 번째 준비는 바로 주거지였습니다. 마침 제가 근무하는 곳은 세종시로 이전을 앞두고 있었고, 직원 대상 특별분양권이 있었습니다. 다시 서울로 올라오게 될 수도 있다며 분양을 받지 않으시는 동료 분도 계셨는데, 저는 바로 분양을 받았습니다. 아주 브랜드가 좋은 아파트는 아니지만, 위치가 좋고 층수도 딱 좋은 곳이었습니다. 대출을 다 갚을 때까지 저는 무조건 허리띠를 졸라맸습니다. 젊은 사람이 왜 저렇게 사냐, 불쌍하다는 말을 동료분으로부터 들을 정도로 무조건 졸랐습니다. 그래서 꽤 빨리 대출을 다 갚을 수 있었습니다. 대출에 중도상환수수료가 없었기 때문에 최대한 빨리 갚는 게 유리한 상황이었습니다.

저의 두 번째 준비는 시골의 세컨하우스였습니다. 노후에는 아파트를 세주고, 세컨하우스에서 거주하면 되겠다는 생각에서였습니다. 사실 그 결심을 하기 직전에 선임분이 장만하신 전원주택에 초대되어 가보게 되었습니다. 넓게 시야가 트이고 조용한 곳에서 살면서, 텃밭도 가꾸고, 동물도 키우며 살면 참 좋겠다고 생각하게 됐습니다. 때마침 저희 부모님도 아파트를 떠나 전원주택에서 사는 걸 고민하고 계셨습니다. 두 집을 따로 장만하기보다는 제가 장만하고 부모님이 그 집에 사시는 것이 훨씬 현명한 선택이었습니다. 시골집을 장만한 이후, 저도 주말에 자주 부모님을 뵈러 가게 되었고, 조카들도 오면 신나게 놀게 되었습니다. 가족들이 오순도순 시간을 보낼 수 있는 곳이 생긴 것입니다.

• 노후 자금 확보

세컨하우스의 대출까지 모두 갚은 것은 제가 30대 중후반일 때였습니다. 노후에 안심하고 살 수 있는 거주지가 완전히 확보되었으니 그다음 저의 고민은 노후 자금이었습니다. 아파트 월세와 국민연금, 연금저축이 있지만, 그것만 믿고 있을 수는 없었습니다. 제가 가입할 수 있는 공제회와 IRP를 최대 금액으로 넣었습니다. 굳이 필요 없는 보험(사망보험)은 줄이고, 저에게 필요한 다른 보험을 넣었습니다. 그 외에도 100만 원씩, 200만 원씩 여유자금이 확보될 때마다 1년짜리 예금으로 묶었습니다.

• 노후에 적합한 소비 습관 미리부터 체화

그다음에 제 생각이 닿은 것은 소비습관이었습니다. 은퇴 이후에는 수입이 줄어들기 때문에, 마찬가지로 소비도 줄여야 합니다. 하지만 평소 돈을 쓰던 습관을 바꾸기란 쉽지 않습니다. 이 점을 고려해서 저는 미리부터 은퇴 이후와 같은 소비 습관을 체화하기로 했습니다. 평소에 쓰는 생활비를 최소한으로 줄인 것입니다.

신용카드부터 없애고 무조건 체크카드와 지역화폐 카드만 쓰게 되었습니다. 신용카드가 없으면 당장 내 계좌에 돈이 있어야지만 지출할 수 있기 때문입니다. 저는 명품에 관심이 없고 화장을 거의 하지 않기 때문에 그쪽 지출이 없고, 옷은 계절마다 일주일간 입을 옷+@ 정도만 확보하고 있습니다. 오랫동안 입을 수 있는 재킷이나 코트 정도만 브랜드로 사고, 안에 입는 옷은 5만원을 넘기지 않고 있습니다. 미용실은 2년에 한 번, 모발 기부할 때만 가기 때문에 그 지출도 별로 없습니다. 앞에서 본 LeanFire 스타일이 바로 저의 노후 대비 방식입니다.

물론 저도 가끔은 급하게 큰돈을 써야 할 때가 있습니다. 그럴 때를 대비해서 100~200만 원씩의 금액을 1년짜리 예금으로 묶어두고 있습니다. 필요한 돈의 액수만큼, 가장 최근에 묶었던 예금부터 해지해서 쓰고 있습니다. 다행히 이런 급전이 필요할 때가 많지는 않습니다.

마냥 허리띠를 조르기만 하면 저도 불만이 쌓이고 어느 순간 폭발할 테니, 그에 대한 보상으로 여행만큼은 실컷 다니자고 결심했습니다. 다이어트 하겠다고 무작정 굶으면 '입 터짐'이 올 수 있듯이, 지출도 마냥 제한하면 엉뚱한 용도로 '지름신'이 강림할 수 있습니다. 차라리 제가 가장 좋아하는 여행에 돈을 쓰면서 저의 소비 욕구를 소진시키기로 한 것입니다.

또한 연말정산을 위해 최대한 기부와 후원을 늘리자고 생각했습니다. 어차피 써야 할 돈이라면 불우이웃이 필요한 데 쓰고, 연말정산 환급금을 잘 받는 것도 방법일 테니까요. 그 결과 확립된 저의 소비 습관은 다음과 같습니다.

(1년 생활비) ≒ (1년 여행 경비) ≒ (1년 후원금) ≒ (부모님 관련 지출) < 노후 자금 저축

저와 비슷한 수입을 거두는 사람들과 비교할 때, 저의 연간 지출액 자체는 비슷할 겁니다. 다만 만족도는 제가 꽤 높은 수준이 아닐까 싶습니다. 저는 매년 제가 좋아하는 여행을 실컷 하고 있으니까요. 그리고 연간 후원금 덕분에 연말정산 환급금도 제법 짭짤하게 받고 있습니다.

은퇴하면 분명 저의 수입은 줄어들 것입니다. 그때가 오면, 저는 여행 경비와 후원금 항목만 날려도 연간 지출을 반으로 줄일 수 있습니다. 은퇴 이후에 소비습관을 고치기 위해 애쓸 필요가 없다는 의미입니다.

③ 사례자의 선택

이것, 저것 다 준비하기

저주지와 수입, 소비 습관이 정리되었으니, 마지막으로 '퇴직 후에 할 수 있는 일'을 고민해야겠지요. 다만 여기에는 고려해야 할 요소가 몇 가지 있었습니다. 그중 가장 중요한 것 하나가 바로 저의 건강이었습니다. 저는 신장병을 앓고 있었기 때문입니다. 나이가 들었을 때 투석을 하게 될지, 아니면 빨리 이식을 받게 될지에 따라 제가 할 수 있는 일이 크게 달라지기 때문입니다. 제가 계획하고 준비하고 있는 진로는 총 6가지입니다. 이 중 여러 일을 병행하는 것도 가능하다고 보고 있습니다.

• 해외 봉사

제 신장이 투석이나 이식이 필요하지 않은 수준으로 유지된다는 가장 희망찬 미래를 바탕으로 계획한 진로입니다. 해외 봉사는 제가 젊었을 때부터 항상 하고 싶었던 일입니다. 심리학자라는 저의 전공을 인정해 준다면 상담사로, 아니면 행정직으로 가는 것도 좋을 것 같습니다. 또한 사회복지사 자격증이 도움 된다고 합니다. 정년퇴임과 함께 자격증을 준비해서 실무 경험을 쌓은 뒤, 해외 봉사를 가는 것도 좋은 경로가 될 수 있을 것 같습니다.

• 장례지도사/죽음 조언사

마찬가지로 제 신장이 괜찮은 수준으로 유지된다면 관련 일을 전부 할 수 있고, 혹 제가 투석이나 이식을 하게 된다면 제한적으로 할 수 있는 진로입니다. 저는 2022년에 이미 장례지도사 자격을 받았습니다. 280시간의 이론과 실습, 50시간 현장 실습이 조건입니다. 저희 아버지가 2015년에 자격을 받으셨고, 뒤를 이어 저도 받게 되었습니다. 저희 어머니가 그간 몇 번 고비를 넘기셨는데, 언젠가 마지막 고비를 넘기지 못하신다면 제가 어머니를 염해드리고 싶기 때문입니다. 장례식장에서 현장실습을 하는 동안, 모 상조업체로부터 스카우트 제의를 받기도 했습니다.

신징이 어느 정도 괜찮은 수준으로 유지된다면, 염습까지 전부 제가 계속할 수 있을 것입니다. 염습은 근력과 체력이 없으면 하기 어렵습니다. 그 때문에 저는 미리부터 근력을 채워주는 운동을 계속하고 있습니다.

신장 문제로 염습을 할 수 없게 된다면, 장례식 절차와 진행 방식을 상담하고, 종교나 지역 풍습에 맞는 장례 방식을 조언하고, 서류를 처리하는 업무만 제한적으로 할 수도 있을 겁니다. 그 외에도 장례지도사 과정에서 배운 것들을 발전시켜서, 죽음을 앞둔 분들이 편안하게 죽음을 받아들이고 준비하실 수 있도록 돕는 죽음 조언사(death doula)를 할 수도 있을 것으로 생각합니다.

• 여행 플래너

제가 투석이나 이식을 해도 할 수 있는 일입니다. 최근 오지 여행 붐이 일고, 개인 여행을 떠나는 분들이 많아지는 것을 보고 구상한 것입니다. 개인 여행을 희망하지만 스스로 정보를 찾는 것은 어려워하는 고객이 원하는 컨셉에 맞춰서 여행 일정을 잡아주고, 숙박과 입장권 등을 예약해 주는 것입니다. 문제가 생기면 해결할 방법도 조언을 해주고요.

제가 이런 아이디어를 구상한 건, 저 스스로 여행을 무척 좋아하기 때문입니다. 제가 지금까지 거주했거나 여행한 국가와 현재 여행 계획이 확정된 곳을 합치면 87개국이 됩니다. 100개국을 넘기는 것이 저의 목표인데, 곧 도달할 수 있을 것으로 생각됩니다. 대부분 개인 여행을 했는데, 그렇게 찾은 정보를 그냥 썩히기보단 서비스로 제공하는 것이 어떨까, 생각해 본 것입니다.

사실 이미 제 주변에 저한테 여행 계획을 짜달라고 하시는 분들이 있는데, 아직은 무료 서비스 기간이기 때문에 어디 어디를 가보라는 정도로만 조언하고 있습니다.

●● 저자의 방문국 현황

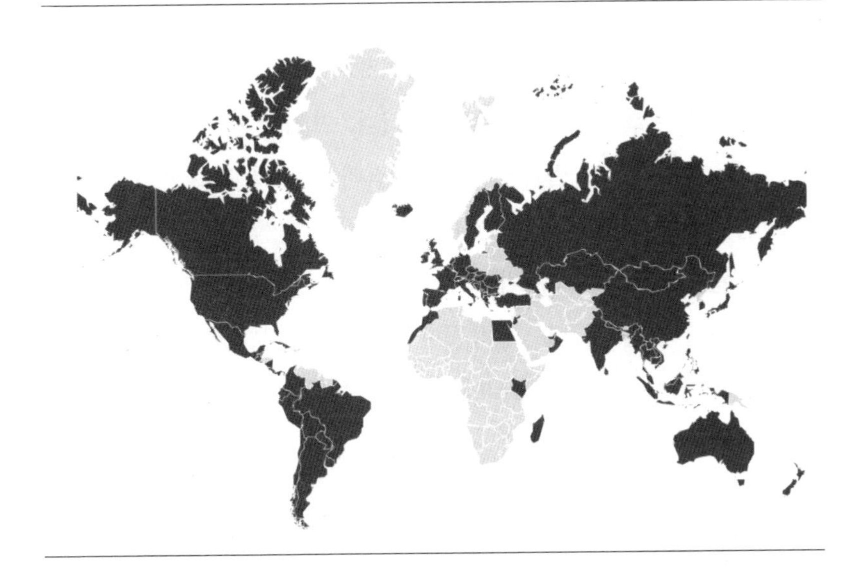

• 동료들과 연구소 설립

은퇴하신 제 선임분들 중 이미 몇 분이 하고 계신 일입니다. 제가 투석이나 이식을 해도 할 수 있는 일이기도 합니다. 한 우물 파던 그대로 가는 거라, 연구자들 사이에서는 꽤 보편적인 은퇴 후 진로인 듯 합니다. 하지만 R&D 예산이 지금처럼 계속 줄어든다면 가능성이 낮은 선택지가 될수도 있을 듯 합니다.

• 직장 내 괴롭힘 상담소 및 강사 활동

직장 내 괴롭힘은 제 주요 연구 분야 중 하나입니다. 석박사 논문을 모두 이 주제로 쓰기도 했고, 지금도 계속 꾸준히 하는 연구입니다. 이미 사건을 처리하는 법무법인, 노무법인이 워낙 많긴 하지만, 이들이 다루는 것은 실제 사건의 극히 일부일 뿐입니다. 꼭 신고와 가해자 처벌을 원하지 않는 피해자도 있고, 그런 조정과 중재를 희망하는 회사도 있을 수 있습니다. 그저 누군가 들어주길 바라는 피해자도 있고, 법학과 다른 관점의 자문이 필요한 기업이나 노조 담당자가 있을 수 있습니다. 그런 사람들을 대상으로 조직심리학적 관점에서 상담과 자문을 제공하는 것입니다. 강사 활동을 병행할 수도 있을 것으로 생각됩니다. 지금도 사실 조금씩 관련 강의를 하고 있긴 합니다. 강의에서 받는 질문을 통해, 아 이런 것도 연구해야겠구나 하는 자극을 종종 받고 있습니다.

• 집필 활동

지금도 저는 책을 쓰고 있습니다. 저는 글을 아주 잘 쓰진 못하지만, 쓰는 것을 좋아합니다. 글을 쓰면서 생각이 정리되고, 더 깊은 생각을 하게 되기 때문입니다. 이번 책이 출간된다면 저의 6번째 저서가 됩니다. 물론 제가 책으로 버는 수익은 별로 크지 않습니다.

2024년 10월 한강 작가의 자랑스러운 노벨 문학상 수상으로 출판업계에 활력이 일긴 했지만, 이미 오래전부터 출판업계는 침체되고 있었습니다. 우리나라에서 많이 팔리는 것은 주로 유명한 해외 저자가 쓴 책의 번역본이라고 합니다.

이런 출판업계의 현황을 알면서도, 집필로 생활비를 벌겠다고 한다면 허황된 꿈이겠죠. 집필은 수익보다는 저의 시간을 나태하게 보내지 않게 하는 수단에 가깝습니다. 앞에서 본 벤자민이 자동차와 냉장고를 뜯고 수리하는 활동을 한 것처럼요. 제 책을 내준 출판사가 손해를 보지 않는 한, 집필은 꾸준히 할 생각입니다. 제 목표가 은퇴 전까지 12권의 책을 출간하는 것인데, 이제 저는 반 정도 왔습니다. 그리고 저의 은퇴는 아직 20년쯤 남았습니다.

④ 선택 이후의 변화

정서적 안정감

우리나라 직장인들은 모두 가슴에 사표를 품고 일한다고 합니다. 저 역시도 마찬가지입니다.

저희 부모님이 살아계시는 한, 지금 다니는 곳을 그만둘 생각이 없긴 합니다. 하지만 언제든 그만둬도 할 수 있는 일이 있다는 것이 상당한 정서적 안정감을 줍니다. 넘어져도 받쳐줄 뭔가가 있다는 바로 그 느낌입니다.

⑤ 사례자의 강점과 약점

???

저 스스로 제 강점과 약점이 무엇인지 분석하는 건 아무래도 말이 안 되겠죠. 책을 읽으시는 분들께서 판단해 주시면 좋겠습니다. 여러분이 생각하시는 것이 바로 저의 강점이고 약점일 것입니다.

내 미래를 위한 곁가지 만들기

여기까지 저를 포함하여 미리부터 준비하고 있는 4명의 사례를 살펴봤습니다. 노동시장이 안정적이건, 불안정하건 본업 외에도 추가로 할 수 있는 일을 미리 생각해 두는 것은 여러모로 도움이 됩니다. 연 팀장과 조 과장, 저처럼 정서적인 안정감을 얻을 수도 있습니다. 퇴사 시점이 바로 눈앞으로 다가오더라도 너무 충격받지 않고 다음을 준비할 수 있습니다.

2장의 여러 사례에서 봤듯이, 재직 중인 회사 일에만 몰두하며, 또 다른 '나'를 만들어 두지 않는 것은 위험합니다. 회사와 나를 한 몸처럼 여기다가 퇴사를 권고받게 되면, 나를 지탱해 주던 지지대가 그대로 무너져 내리는 듯한 충격을 느끼게 됩니다. 나 자신이 쓸모없어진 것 같고, 더 이상 아무것도 할 수 없을 것 같은 자괴감과 무기력에 빠져들 수 있습니다.

물론 소속된 회사의 일도 열심히 해야 합니다. 하지만 동시에 회사 밖 여러 곳에 소속된 '나'를 꼭 만들어둬야 합니다. 회사 밖의 '나'가 내게 새로운 진로를 연결해 줄 수도 있습니다. 꼭 돈을 버는 일자리가 아니더라도, 삶의 목표와 소속감을 부여해 줄 수 있습니다. 은퇴 이후의 시간이 무료하지 않도록 할 일을 마련해주기도 합니다.

저는 제가 다니는 연구소의 직원이기도 하지만, 그보다 앞서서 저희 부모님의 딸이며, 오지 여행을 특히 즐기는 세계 여행자

(world trotter)입니다. 직장 내 괴롭힘이라는 한 분야를 20년 가까이 탐구한 연구자이자, 관심사를 공유하는 사람들과 스터디 모임과 독서 모임을 하는 회원이며, 책과 기고문을 쓰는 저자입니다. 봉사 후원 동아리 운영자이고, 가끔 염습 봉사를 나가는 아마추어 장례지도사이기도 합니다. 이렇듯 저에겐 회사 밖의 여러 '내'가 있습니다. 앞으로 제게 남은 약 20년의 재직 기간 동안, 더 많은 회사 밖의 '나'를 만들어 가려고 합니다.

나 퇴직하면 뭘 하지?

초판발행 2024년 12월 31일

지은이 서유정
펴낸이 노 현

편 집 조영은
기획/마케팅 조정빈
표지디자인 BEN STORY
제 작 고철민·김원표

펴낸곳 ㈜ 피와이메이트
서울특별시 금천구 가산디지털2로 53, 210호(가산동, 한라시그마밸리)
등록 2014. 2. 12. 제2018-000080호
전 화 02)733-6771
f a x 02)736-4818
e-mail pys@pybook.co.kr
homepage www.pybook.co.kr
ISBN 979-11-7279-059-2 93180

정 가 18,000원

박영스토리는 박영사와 함께하는 브랜드입니다.